贵州省社会科学院哲学社会科学创新工程学术精品出版项目

贵州省社会科学院智库系列·院省战略合作重大委托课题

中国山地旅游理论与实践
——以贵州为例

贵州省社会科学院 / 编
戴学锋　陈立平 / 著

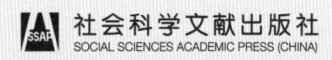

社会科学文献出版社
SOCIAL SCIENCES ACADEMIC PRESS (CHINA)

编辑委员会

主　任　李培林　何　力
副主任　马　援　戴学锋　金安江　吴大华
成　员　王朝新　唐显良　宋　明　索晓霞
　　　　　　孙　晶　陈立平　罗　剑　谢忠文
　　　　　　杨雪梅　戈　弋　刘　岚　张　松
　　　　　　方　翌

课题组名单

课题组顾问：
　　李培林　中国社会科学院原副院长

课题组组长：
　　戴学锋　中国社会科学院财经战略研究院研究员

课题组成员：
　　戴学锋　中国社会科学院财经战略研究院研究员
　　陈立平　中国社会科学院财经战略研究院助理研究员
　　金　准　中国社会科学院财经战略研究院副研究员
　　齐　飞　中国体育大学讲师，中国社会科学院博士
　　徐金海　国家开放大学讲师，中国社会科学院博士
　　王鹏飞　洛阳师范学院讲师，中国社会科学院博士
　　沈韩笑　中国社会科学院硕士
　　邓小海　贵州省社会科学院副研究员
　　李代峰　贵州省社会科学院副研究员

本书撰写者

第一章　徐金海

第二章　金　准

第三章　齐　飞

第四章　沈韩笑

第五章　王鹏飞

出版说明

"贵州省社会科学院智库系列"（全称：贵州省社会科学院智库系列研究成果学术文库）是贵州省社会科学院新型智库建设中组织编辑出版的智库系列学术丛书，是我院进一步加强课题成果管理和学术成果出版规范化、制度化建设的重要举措。

建院以来，我院广大科研人员坚持站在时代发展的前沿，时刻铭记肩负的历史使命，切实履行资政育人的职责；以马克思主义、毛泽东思想、邓小平理论、"三个代表"重要思想、科学发展观、习近平新时代中国特色社会主义思想为指导，努力夯实哲学社会科学理论基石。坚持面向全国，立足贵州，研究贵州，服务贵州。以应用研究为主，为贵州经济发展建言献策，同时重视具有地域优势、民族特点和地方特色的基础学科研究，努力打造贵州学术特色。几代社科人厚德笃学、求真务实、勇于创新、薪火相传，取得了丰硕的研究成果。据不完全统计，50多年来，贵州省社会科学院共承担完成国家级研究项目100多项，省部级研究项目300余项，国际合作项目30余项，横向委托项目500余项；出版著作约600种，发表学术论文约10000篇，完成各类研究报告2500余份。其中，有1项成果获国家优秀成果奖，有近200项成果获省部级优秀成果奖。50多年来共培养出高级专业技术人员近200人。尤其是党的十八大以来，贵州省社会科学院以中国特色社会主义理论体系为指导，深入贯彻落实党的十八大、十九大会议精神和省委十一次、十二次会议精神，结合中央和省委重大决策部署，深入推进"科研立院、人才强院、管理兴院"三大战略和以质量为中心的科研转型升级，建设具有地方特色的新型智库，成为我院历史上发展势头最好、成果最丰硕的时期。

从 2016 年起，我们逐年从各级各类课题研究结项成果中选出一批具有较高学术水平和一定代表性的研究成果，列入《贵州省社会科学院智库系列研究成果学术文库》集中出版。我们希望这能从一个侧面展示我院整体科研状况和学术成就，进一步推动"十三五"时期我院哲学社会科学研究的创新发展，同时为优秀科研成果的及时转化创造更好的条件。

贵州省社会科学院科研处

2018 年 11 月 23 日

贵州为什么要发展山地旅游的"小精特"模式?

(代序)

戴学锋

《中国山地旅游理论与实践——以贵州为例》是命题作文,是2016年贵州省社会科学院与中国社会科学院合作大课题中的一个子课题,这个课题由我负责。拿到这个课题后,我着实为难:众所周知,贵州处于我国地形的二级阶梯地带,山地重重,素有"八山一水一分田"之说,是全国唯一没有平原的省份。然而贵州第一缺乏高山,最高的山韭菜坪,海拔不过2901米,在中国西南部崇山峻岭中显得太矮小;第二缺乏文化名山,中国的三山五岳都不在贵州;第三,贵州的山地是典型的喀斯特地貌,而这种地貌中国西南部地区众多,尤以贵州临近的云南石林等最为典型,而且已经成为旅游者认可的喀斯特山地旅游区……总之,贵州的山太缺乏特色了,对标国外特色山地旅游区,贵州凭什么能成为我国的山地旅游大省?我是带着这些疑问带队进入贵州考察的。

通过对贵州各地区的实地考察后我们发现,贵州山地其实很有特色,只是多年来"养在深闺人未识",首先,贵州具有丰富的山地特色景观，如梵净山、雷公山等极具特色的山地，织金洞、双河洞等喀斯特山洞景观，黄果树、赤水大瀑布、乌江百里画廊、大小七孔等山水景观，隐藏山中的千古谜团平塘藏字石，以及百里杜鹃这样的山地特色植物，总之贵州的山地景观精致而独特；其次，贵州山地海波不高，地处西南，气候温和宜人，森林覆盖率高，地磁辐射弱，是全国紫外线辐射最少的地区之一，温泉资源几乎县县覆盖，具有发展现代山地休闲度假和避暑养生的天然优势；再次，贵州喀斯特地貌由于水流的垂直切割，形成了地理上的"孤岛"效应，各地区形成了别具特色、丰富多彩的山地"孤岛"文化，苗族、侗族、瑶族、土家族、布依族等各个民族具有特色鲜明而独特的文化，而且即便同一个民族由于孤岛效应的影响，也形成了十里不同俗的民族风情，此外由于贵州长期封闭落后，各个地区还保存了极为完整的山地古村镇，如青岩古镇、镇远古镇、板告水寨、岜沙苗寨、占里侗寨、乌骡坝布依寨等，这些古村镇与别具特色的民族风情共同构筑了贵州的"文化千岛"。因此，贵州的山地旅游资源尽管缺乏传统意义上的名山大川，但遍布贵州各地的山地旅游资源丰富多彩，独特神奇，原汁原味，具有开发旅游的巨大价值。

记得2008年到贵州黔东南考察时，从贵阳到凯里居然开车走了整整8个小时，因此很长时间以来，贵州给我的印象就是封闭落后，基础设施极差。然而，2016年再到贵州考察，我发现从贵阳机场到凯里市居然只用了一个多小时！2019年我从贵阳到凯里市，高铁只要半个多小时。近年，贵州不仅实现了县县通高速，居然连盘州这样的边远地区也修建了机场，通了高铁，贵州已经从原来难以到达的偏远地区，变为西南的重要交通枢纽。贵州的各种旅游接待设施也有了翻天覆地的变化。

同时，中国的旅游市场也在变化，从原来的简单观光旅游，变为

贵州为什么要发展山地旅游的"小精特"模式？（代序）

现在的观光、度假、休闲、探险等综合体验的旅游市场。针对山地旅游的市场则从简单的名山大川观光，变为山地民族风情体验、山地度假休闲、山地康体疗养、山地避暑、山地体育旅游（如山地自行车、山地穿越、山地探险、山地滑翔等）……正如长尾理论指出的那样，这些小众多样的旅游需求尽管每种数量不大，但是总量巨大，相对于传统大众旅游更是高端旅游消费。中国东部地区正是抓住这种旅游市场的变化，形成了多个类似莫干山模式的独特高端休闲度假山地旅游区。而随着交通等基础设施的改善，这种追求多种体验的旅游市场，正在逐步向曾经的边远地区延伸。贵州山地旅游正好赶上这波市场大潮。

因此，贵州的山地旅游必然是"小精特"三位一体的山地旅游发展模式，即在自然资源开发上，深具第二阶梯山地的"小精特"典型特征；在文化表现上为多彩贵州、文化千岛；社会资源的小散化、山地文明社会特征以及小众高端的现代深度体验旅游。

确定了贵州山地旅游发展的模式选择，有了这个"破题"，如何实现贵州山地旅游的发展路径，这就必须深入研究当前社会经济各方面的制约因素。当前，我国经济步入新常态阶段，全面深化改革进入深水区，要"让市场在资源分配中发挥决定性作用"释放改革红利，推动贵州旅游业实现高效增长，就必须冲破思想观念的障碍，攻克体制机制上的顽瘴痼疾，突破利益固化的藩篱。

贵州发展旅游业，还需要实现多维突破，要突破观念、体制、机制、经济、社会、地理、生态的多重制约，实现现代化转型。贵州大力建设内陆开放型经济试验区，为贵州发展带来机遇。贵州要实现旅游业从传统旅游业向现代旅游业的转型。为此，贵州山地旅游的发展模式需要遵循两条主线，第一是立足"小精特"山地构建要素体系、产品体系、空间体系、产业体系和服务体系，形成贵州山地旅游业发

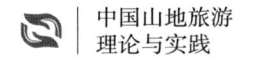

展的综合效应；第二是通过全域旅游示范区建设，突破旧有规划、土地、财政、资本、市场、人力等各项制度，推动贵州旅游业从传统旅游业向现代旅游业的转型。

通过研判国内山地旅游发展形势，对标国际山地旅游发展案例，我们在本书中提出贵州山地旅游发展需要一套组合拳，即在业态上立足山地资源禀赋，发展"小精特"模式；在市场上依托高中端发力，以国际市场牵动国内市场；在布局上点、线、面结合，形成旅游全覆盖；在产业上多元融合，形成产业集群；在发展路径上，构建山地旅游发展的八个支柱：第一，进一步深化旅游综合管理体制改革；第二，培养市场驱动的"小精特"山地旅游发展土壤；第三，抓住国家层面重大利好的战略机遇；第四，加快优化山地旅游空间结构；第五，提升贵州山地旅游的市场营销品牌；第六，依托小型精品项目和重点建设项目推动山地旅游产品升级；第七，强化山地旅游的产业融合联动效应；第八，提高山地旅游公共服务质量。

调研中，我们发现贵州各地在发展山地旅游过程中，有很多好的经验和做法，从某种意义上讲，我们的研究过程，也是学习的过程，我们提出贵州山地旅游发展的"小精特"模式，正是对贵州既有山地旅游开发模式的总结。贵州很多长期研究旅游业的专家对贵州发展山地旅游有很多好的想法，时任贵州旅游发展委员会敖克模处长、史静一总规划师，贵州省社会科学院吴大华院长等都为本书提出了很好的意见和建议，在此一并致谢。

前　言

当前，我国经济步入中高速增长的新常态阶段，全面深化改革进入深水区，美丽中国建设正全力推进，我国迈向社会主义生态文明的新时代。对于地处西部欠发达地区的贵州，如何把握机遇，寻找到自身具有比较优势的产业，并以该产业为核心带动全面深化改革，推动经济结构转型升级，以实现贵州经济社会发展的历史性跨越，显得尤为重要。

贵州经济社会发展面临的核心难题，是如何突破产业结构不合理、现代产业体系不完整的现状，跨越其工业化中期的发展阶段，依托超越战略，向后工业化产业阶段转型。贵州市场化进程相对缓慢，发展缺乏动力产业支撑，全面深化改革还没有很好的抓手，也都需要依托关键产业的发展一并解决。在贵州所有产业选择中，现代旅游业是破解贵州社会经济问题的关键产业。

推动贵州传统旅游业向现代旅游业转型，大力发展现代旅游业，是实现贵州经济社会发展历史性跨越的必然要求；大力发展现代旅游业，能切中当前贵州发展的要害。第一，现代旅游业是撬动贵州全面深化改革的支点，现代旅游业内部制约更少，能推进贵州市场化改革；现代旅游业开放度更高，能推动贵州形成开放发展的大格局；现代旅游业关联性更强，能带动贵州体制机制综合改革；现代旅游业融合度更强，能拉动贵州相关产业提质增效。第二，现代旅游业是整合贵州"五大新兴产业"的黏合剂，现代旅游业以高新科技为支撑、知识经济为依托，可为电子信息产业的发展提供广阔的市场，电子信息产业的发展反过来又可以促进贵州省旅游信息化的建设；发展现代旅游中的医疗、养生和山地旅游，能带动医疗养生产业和现代山地高效农业的发展；现代旅游业更加注重创意元素，更能体现文化特色，大力发展现代旅游，更能彰显贵州的民族和山地文化，极大地促进文化旅游业的发展；现代旅游业更加注重保护自然环境，实现旅游业的可持续发展；大力发展现代旅游业，可以引导人们树立节能低碳环保的意识，为新型建筑建材业的发展扫清观念上的障碍，促进其快速健康发展。第三，现代旅游业是实现贵州全面脱贫的重要抓手，旅游扶贫以其强大的市场优势、旺盛的产业活力、强劲的造血功能、巨大的带动作用，在我国扶贫开发中发挥着日益显著的作用，且已在贵州取得显著成效。第四，现代旅游业是贵州发挥比较优势的有效载体，在当前建设生态文明的过程中，与其他省份相比，贵州原生态的生态环境，是其最大的比较优势，能确保贵州建成生态文明先行示范区。

贵州省委省政府根据贵州的比较优势，以山地旅游作为贵州现代旅游业的突破口，是非常明智的选择。当前，贵州亟须明确的是其贵州旅游业的发展模式。贵州山地旅游资源丰富，但最具吸引力的，是其三位一体的"小精特"山地旅游资源，即自然资源深具第二阶梯自然地貌"小精特"典型特征，文化资源上形成多彩贵州、文化千岛，社会资源的小散化、山地文明社会特征，这些是贵州旅游业的资源优势所在。贵州发展旅游业，还需要实现多维突破，要突破经济、地理、交通、生态、观念的多重障碍，实现现代化转型。其中，贵州大力建设内陆开放型经济试验区为贵州发展带来很大机遇。贵州当前的旅游业，是传统的旅游业，旅游经营主体小弱散差，旅游产业经济基本属于观光经济，门票经济现象明显，产业集聚度低，旅游效益较低，综合带动力弱，游客满意度较低，业态创新不足，人才供给总量不足，贵州要依托旅游业形成全面发展和转型，需要实现旅游业从传统旅游业向现代旅游业的转型。因此，贵州山地旅游的发展模式需要遵循两条主线，一是立足"小精特"山地构建要素体系、空间体系、产业体系和服务体系，形成贵州旅游业发展的核心吸引力；二是通过旅游业的全面改革，突破土地、财政、资本、市场、人力制度约束，推动贵州旅游业从传统旅游业向现代旅游业转型，带动贵州社会经济全面深化改革。

通过研判国内山地旅游发展形势，研究国际山地旅游发展案例，我们认为贵州山地旅游发展需要形成一套组合拳，即在业态上立足山地资源禀赋，发展"小精特"模式；在市场上依托高中端发力，国际市场牵动国内市场；在布局上点、线、面结合，形成旅游全覆盖；在产业上多元融合，形成产业集群；在发展路径上，贵州需要构建山地旅游发展的八个支柱：一是进一步深化旅游综合管理体制改革，二是培养市场驱动的"小精特"山地旅游发展土壤，三是抓住国家层面重大利好的战略机遇，四是加快优化山地旅游空间结构，五是提升贵州山地旅游的市场营销品牌，六是依托小型精品项目和重大建设项目推动山地旅游产品升级，七是强化山地旅游的产业融合联动效应，八是提高山地旅游公共服务质量。

必须认识到，处于中国第二阶梯的贵州山地旅游发展，是中国立足西部山地实现发展、改革和内陆开放的一条探索之路，贵州发展山地旅游不仅有助于经济不发达地区解决如何利用旅游业创新驱动地区发展的难题，而且对于东中西部协调发展、促进国家绿色发展、地区经济开放发展和经济红利共享发展具有重大促进作用。贵州山地旅游业的发展，将对内陆省份如何协调发展国内和国际两个市场，通过创新，让旅游产业和基础设施连接起来、要素流动起来、市场整合起来，形成产业有序衔接、优化升级和新型城镇集聚发展产生示范效应，并与国家战略相衔接，探索再造城乡、再造区域的发展经验。因此贵州山地旅游发展，具有全球性的示范价值和国家性的战略价值。

目录
contents

第一章
如何实现贵州经济发展的历史性跨越

  一 当前贵州经济社会发展面临的核心难题 // 3

  二 比较优势战略与贵州经济社会的跨越式发展 // 28

  三 当前贵州省经济社会发展的宏观红利 // 32

  四 现代旅游业切中当前贵州发展的核心难题 // 36

  五 促进贵州省现代旅游业发展的政策建议 // 42

第二章
新形势下贵州发展旅游业的战略选择

  一 贵州旅游资源分析 // 47

  二 贵州旅游业的客观限制 // 55

  三 变化和机遇 // 62

  四 贵州旅游业发展阶段分析——传统旅游业向现代旅游业转型的关键时期 // 71

  五 新变化下的战略选择 // 81

第三章
国外山地旅游案例发展分析

一　世界山地资源及山地旅游概况　// 89

二　国外山地区域的旅游发展状况　// 91

三　国外著名山地旅游目的地——以阿尔卑斯山为例　// 106

四　国外山地旅游发展的经验启示　// 108

第四章
我国山地旅游发展背景分析

一　我国山地资源概况　// 121

二　国内山地旅游发展案例分析　// 138

三　我国山地旅游发展模式　// 154

四　我国山地旅游发展所面临的形势和前景　// 161

第五章
贵州发展山地旅游的战略和路径选择

一　发展现代旅游业是实现贵州社会经济历史性跨越的必然要求　// 169

二　贵州山地旅游的发展模式　// 172

三　从国内外经验看贵州发展山地旅游的战略和思路　// 177

四　发展目标　// 188

五　贵州山地旅游的发展路径　// 191

六　贵州发展山地旅游对中国的意义　// 202

第一章

如何实现贵州经济发展的历史性跨越

第一章
如何实现贵州经济发展的历史性跨越

当前，我国经济步入中高速增长的新常态阶段，全面深化改革进入深水区，美丽中国建设正在推进，我国还在迈向社会主义生态文明的新时代。对于地处西部欠发达地区的贵州，如何把握新常态的机遇，发挥自身的比较优势，全面深化改革，推动经济结构转型升级，以实现贵州经济社会发展的历史性跨越，显得尤为重要。那么，全面深化改革，贵州面临的核心难题是什么？又应以什么样的动力支撑产业发展？这是当前贵州全面深化改革要解决的首要问题。

一 当前贵州经济社会发展面临的核心难题

（一）面临经济社会发展阶段的限制

1. 产业结构不合理，现代产业体系不完整

（1）贵州产业结构的演变及阶段性划分

分析区域产业结构的演变，有助于初步把握该区域经济发展的现状与问题。总体而言，自改革开放以来，贵州省的产业结构在不断优化，主要表现为第一产业的比重在不断下降，第二和第三产业的比重在不断上升。根据表1-1反映出的1978~2015年贵州省经济社会发展情况，可将贵州省经济发展大致分为三个阶段："以农立省"阶段、产业结构过渡阶段和产业结构优化阶段。具体分析如下。

①1978~1991年"以农立省"阶段

1978~1991年三大产业占比由高至低排序为"一、二、三"，尚处于传统的"以农立省"阶段。这阶段呈现出两个显著特点：其一，第

表 1-1 1978～2015 年贵州省经济发展情况

年份	GDP（亿元）	人均 GDP（元）	第一产业增加值（亿元）	第二产业增加值（亿元）	第三产业增加值（亿元）	三大产业增加值占 GDP 比重（%）第一产业	第二产业	第三产业
1978	46.62	175	19.42	18.73	8.47	41.66	40.18	18.16
1980	60.26	219	24.86	24.00	11.40	41.25	39.83	18.92
1985	123.92	420	50.45	49.88	23.59	40.71	40.25	19.04
1990	260.14	810	100.10	92.83	67.21	38.48	35.68	25.84
1991	295.90	896	115.71	101.54	78.65	39.10	34.32	26.58
1992	339.91	1034	121.18	122.08	96.65	35.65	35.92	28.43
1995	636.21	1826	227.13	232.52	176.56	35.70	36.55	27.75
1996	723.18	2048	254.53	255.09	213.56	35.20	35.27	29.53
1997	805.79	2250	271.96	288.99	244.84	33.75	35.86	30.39
1998	858.39	2364	265.04	319.4	273.95	30.88	37.21	31.91
1999	937.5	2545	267.75	350.41	319.34	28.56	37.38	34.06
2000	1029.92	2759	271.2	391.2	367.52	26.33	37.98	35.68
2001	1133.27	3000	274.41	433.52	425.34	24.21	38.25	37.53
2002	1243.43	3257	281.1	481.96	480.37	22.61	38.76	38.63
2003	1426.34	3701	298.69	569.37	558.28	20.94	39.92	39.14
2004	1677.8	4317	334.5	681.5	661.8	19.94	40.62	39.44
2005	2005.42	5394	368.94	821.16	815.32	18.40	40.95	40.66
2006	2338.98	6305	382.06	967.54	989.38	16.33	41.37	42.30
2007	2884.11	7878	446.38	1124.79	1312.94	15.48	39.00	45.52
2008	3561.56	9855	539.19	1370.03	1652.34	15.14	38.47	46.39
2009	3912.68	10971	550.27	1476.62	1885.79	14.06	37.74	48.20
2010	4602.16	13119	625.03	1800.06	2177.07	13.58	39.11	47.31
2011	5701.84	16413	726.22	2194.33	2781.29	12.74	38.48	48.78
2012	6852.2	19710	891.91	2677.54	3282.75	13.02	39.08	47.91
2013	8086.86	22922	998.47	3276.24	3812.15	12.35	40.51	47.14
2014	9266.39	26393	1280.45	3857.44	4128.5	13.82	41.63	44.55
2015	10502.56	29847	1640.62	4146.94	4715	15.62	39.49	44.89

注：1978～1995 年只截取了部分具有代表性的年份时间序列数据，1995～2015 年为连续的时间序列数据。

资料来源：《2015 年贵州国民经济和社会发展统计公报》，《贵州省统计年鉴（2015）》。

一产业增加值比重呈缓慢下降趋势，1991年比1978年低2.56个百分点，但第一产业增加值比重始终高于第二产业和第三产业；其二，第二产业增加值比重快速下降，1991年比1978年低5.86个百分点，而第三产业增加值比重快速上升，1991年比1978年高8.42个百分点。然而，与全国整体平均水平相比，1991年贵州第一产业增加值的比重高出14.6个百分点[1]，这表明贵州依然处于传统的"以农立省"阶段。1992年是转折点，该年贵州第二产业增加值比重为35.92%，首次超过第一产业增加值比重，高出0.27个百分点。

②1992~2005年产业结构过渡阶段

1992~2005年贵州省产业结构由1978~1991年的"一、二、三"产业排序的"以农立省"阶段转变为"二、三、一"产业结构的过渡阶段。这阶段呈现的显著特点为：其一，第一产业增加值的比重快速下降，降幅达17.25个百分点；其二，第二产业增加值的比重缓慢上升，2005年比1992年高5.03个百分点，达到40.95%，比同期全国平均水平低5.6个百分点；第三产业的比重快速上升，2005年比1992年高12.23个百分点，达40.66%，比同期全国平均水平仅低0.6个百分点。产业结构的演进使2006年再次出现转折点，贵州省第三产业增加值的比重为42.3%，首次超过第二产业的比重（41.37%），高出0.93个百分点。

③2006年后产业结构优化阶段

2006年以来，贵州省从1992~2005年的"二、三、一"产业结构的过渡阶段转变为"三、二、一"产业结构优化阶段。这阶段呈现的显著特点为：其一，第三产业增加值比重虽有波动调整，但始终高

---

[1] 李会萍、申鹏：《新常态下贵州产业结构优化：现状、路径与对策》，《贵州社会科学》2015年第11期，第151~156页。

于第二产业和第一产业,三大产业呈现出"三、二、一"的排序;其二,第一产业和第二产业的增加值比重均呈现出下降态势。这反映出,贵州省近年来产业结构在不断地优化,逐步向产出效率高、附加值高和竞争能力强发展。

(2) 第三产业发展水平滞后是贵州产业结构的大缺陷

由表1-2可知,贵州省第三产业增加值占国民经济的比重不断上升,从1978年的18.16%上升到2015年的44.89%,并在2006年赶超第一、二产业。然而,对第三产业的内部结构进行分析可知,贵州省第三产业增加值占比虽高,但发展水平滞后。按简单的划分方法,可将服务业[①]划分为传统服务业和现代服务业。传统服务业以资本和劳动力作为主要投入要素,一般包括交通运输、仓储和邮政业(物流)、批发和零售业、住宿和餐饮业等行业;而现代服务业以知识和技术作为主要投入要素,一般包括金融业,信息传输、软件和信息技术服务业,科学研究和技术服务业等行业。

表1-2 2000~2013年贵州省第三产业内部结构

年份	第三产业增加值（亿元）	第三产业增加值占GDP比重（%）	第三产业内部结构（%）					
			交通运输、仓储和邮政业	批发和零售业	住宿和餐饮业	金融业	房地产业	其他服务业
2000	367.5	35.7	7.4	7.4	1.2	3.5	3.6	12.6
2001	425.3	37.5	7.8	6.5	1.4	3.3	4.0	14.5
2002	480.4	38.6	8.2	6.5	1.6	3.3	4.3	14.7
2003	558.3	39.1	8.4	6.7	1.6	3.4	4.2	14.8
2004	661.8	39.4	8.0	7.0	1.2	3.6	4.1	14.8
2005	815.3	40.7	8.2	6.6	1.5	3.6	4.1	16.7
2006	989.4	42.3	8.2	6.9	2.4	3.3	3.4	17.6
2007	1312.9	45.5	9.8	6.9	3.1	4.2	3.2	18.3

---

① 国内学界一般将第三产业等同于服务业。

续表

年份	第三产业增加值（亿元）	第三产业增加值占GDP比重（%）	第三产业内部结构（%）					
			交通运输、仓储和邮政业	批发和零售业	住宿和餐饮业	金融业	房地产业	其他服务业
2008	1652.3	46.4	10.4	7.0	3.7	4.3	2.9	18.1
2009	1885.8	48.2	10.2	7.5	3.9	5.0	3.5	18.1
2010	2177.1	47.3	10.4	8.0	3.9	5.0	3.0	17.0
2011	2781.3	48.8	10.4	7.9	3.9	5.2	3.0	18.6
2012	3282.8	47.9	10.0	7.5	3.9	5.3	2.6	18.6
2013	3812.2	47.1	9.6	7.2	3.6	5.5	2.5	18.7

注：其他服务业主要包括信息传输、软件和信息技术服务业，科学研究和技术服务业，教育等行业，囊括的行业很多，但每个行业的占比都不高。为了便于统计，在第三产业统计中，将其统一归纳为其他服务业。

资料来源：贵州省第三产业产值及占比数据来源于《贵州省统计年鉴》，而第三产业内部结构资料来源于《第三产业统计年鉴》。

从表1-2可以看到，贵州省第三产业的业态形式主要表现为传统服务业，其占比较高，尤其是交通运输、仓储和邮政业；而新兴服务业则占比较低，典型的如金融业。这充分表明，当前贵州省服务业的发展质量不高，以传统服务业为主。

2. 就业结构不合理，第一产业就业比重过大

从国内外发展的实践来看，随着产业结构不断向高级化阶段演进，劳动力也会不断地从第一产业向第二产业和第三产业转移，鉴于第三产业的劳动密集型特点，当第三产业在国民经济中成为第一大产业时，它也会成为吸纳就业的主力军，换言之，第三产业就业人数越高则意味着第三产业发展程度越高。

从我国的实际情况来看，如图1-1和图1-2所示，2001~2015年产业结构和就业结构呈现出显著的正相关性，即随着第三产业增加值占GDP的比重不断上升，其吸纳就业的能力也呈现同步上升趋势。

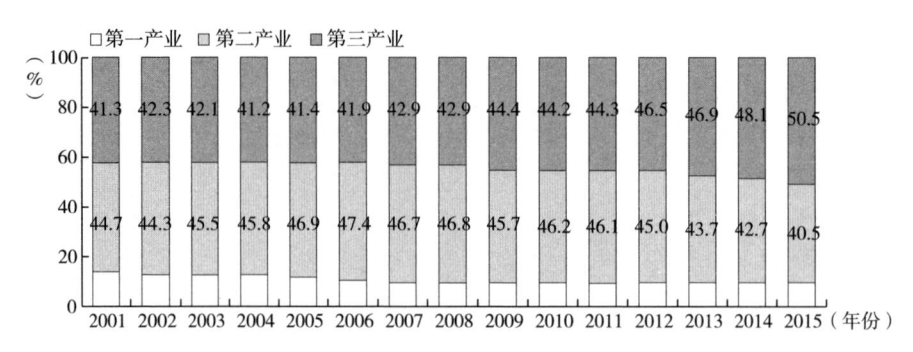

图 1-1　2001~2015 年全国产业结构

资料来源：《中国统计年鉴》。

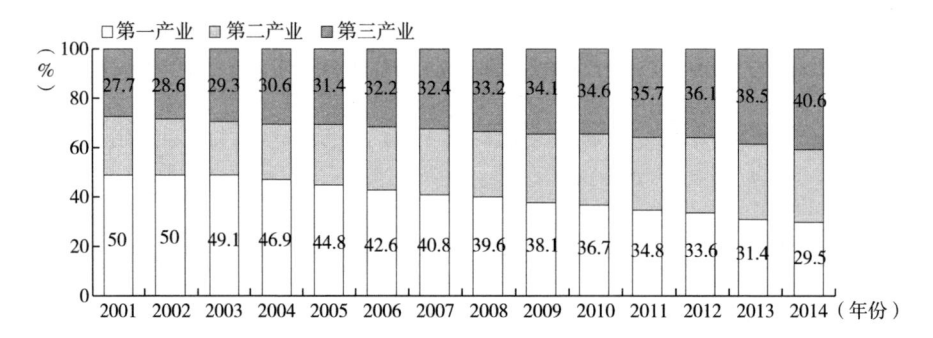

图 1-2　2001~2014 年全国三大产业就业占比

注：2015 年三大产业就业情况尚未统计，故更新到 2014 年。
资料来源：《中国统计年鉴》。

与全国情况略显不同的是，从 2006 年开始，贵州省第三产业增加值占 GDP 的比重就已超过第二产业，成为第一大产业，比全国提前 6 年实现这一超越。然而，与产业结构高级合理化演进的态势不同，一直以来，贵州省第三产业并未成为吸纳就业的主力军，反倒是第一产业仍是吸纳就业的主力军。

从图 1-3 和图 1-4 可以看出，从 2006 年开始，贵州省第一产业在产业结构中的占比稳定在 15% 左右，然而吸纳劳动就业人数远远超过第二产业和第三产业的就业人数总和；在 2012 年以前，第一产业吸纳的就业人数占 2/3 以上，2012 年以后也保持在 60% 以上。这反映出贵州省产业结构和就业结构出现了极度失衡的现象。① 造成这种现象的原因主要有：一是贵州省的农业基本上还处于传统农业的发展阶段，生产效率极为低下，束缚了大量的劳动力。这也可解释为何贵州省第一产业增加值在 GDP 中的占比远远低于第三产业，然而其就业比重却过大；二是贵州省第二产业和第三产业还比较落后，产业没有得到充分的发展，产业链不长，产业面不宽，难以吸纳大量的劳动力就业。②

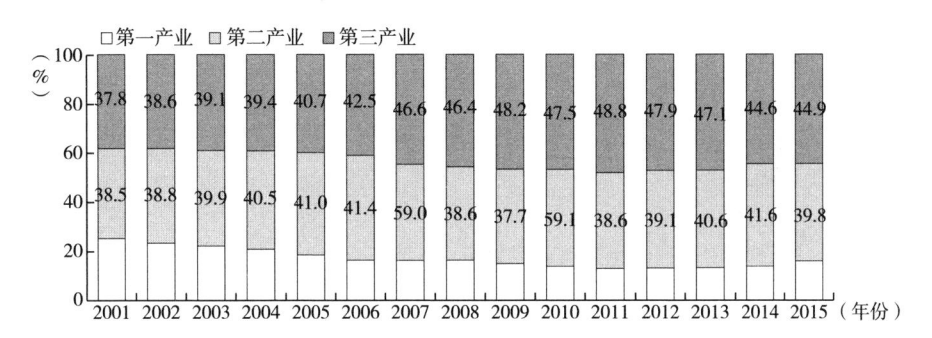

图 1-3　2001~2015 年贵州省产业结构

资料来源：《贵州省统计年鉴》。

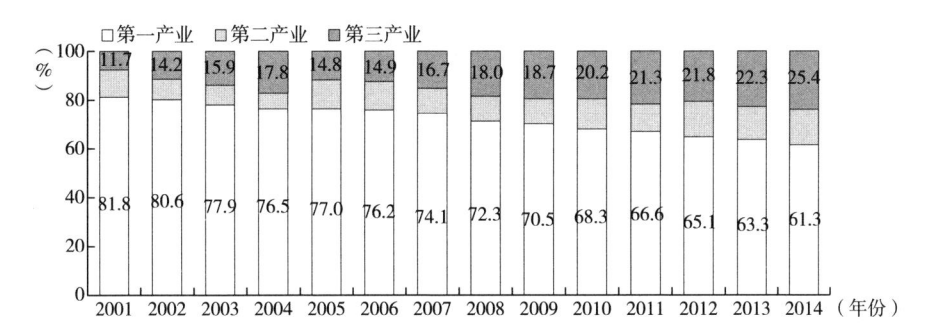

图 1-4　2001~2014 年贵州省三大产业就业占比

资料来源：《贵州省统计年鉴》。

---

① 李会萍、申鹏：《新常态下贵州产业结构优化：现状、路径与对策》，《贵州社会科学》2015 年第 11 期，第 151~156 页。
② 贵州省第二产业和第三产业都发展不充分，到底是选择第二产业，还是选择第三产业作为引领性的优势产业，应根据贵州省当前经济发展的形势和自身的比较优势来做出理性的选择。

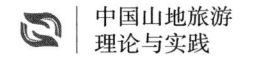

3. 城镇化水平偏低，二元经济结构矛盾突出

（1）贵州城镇化发展的历史演变

贵州省第三产业成为国民经济的第一大产业，然而其吸纳就业的能力却远远低于第一产业。这表明贵州省的第三产业主要是传统服务业，而不是现代服务业。这一判断也可从贵州城镇化率偏低的事实得到解释。现代服务业天然性地集中在城市，尤其是大中城市，所以现代服务业的发展本身表现为城市的发展，服务业化本身表现为城市化。① 现代服务业环节多，链条长，吸纳就业能力强；而传统服务业吸纳就业能力弱。城镇化水平低，现代服务业的发展也会受到极大的限制。现代服务业的一个特点就是，产业较为集中，而城镇化为产业集中提供了优良的条件。

图1-5反映出2001~2015年贵州省城镇化率虽然在不断上升，但远远低于全国平均水平。2015年贵州省的城镇化率为42.01%，比全国2005年的城镇化平均水平还低0.98%，按照城镇化发展规律，说明贵州省城镇化水平比全国平均水平落后10年左右。

贵州省城镇化率偏低，不利于贵州省现代服务业的集聚发展，尤其是生产性服务业的发展。未来应实行城市化和服务业化互动发展的战略，通过提高城镇化率，为现代服务业的集聚创造条件；通过推进现代服务业的发展，促进城镇化率的提升；绝不能就城市化而谈城市化，就服务业化而谈服务业化。

（2）贵州城镇与农村居民人均可支配收入比较分析

从2001~2015年贵州省城镇和农村居民人均可支配收入来看（见图1-6），2015年贵州省农村居民人均可支配收入占城镇居民人

---

① 罗来武：《如何实现江西经济发展的"版本"升级》，《江西社会科学》2015年第9期，第48~53页。

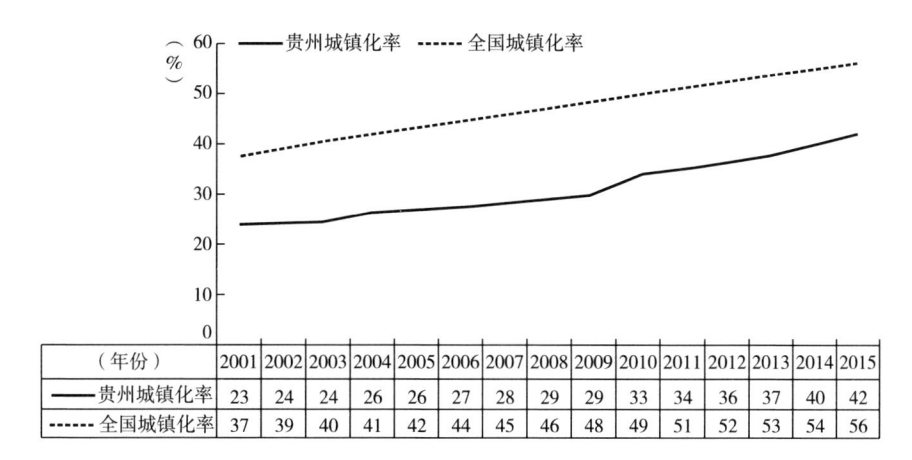

图 1-5 2001~2015 年全国和贵州城镇化率对比

资料来源:《中国统计年鉴》和《贵州省统计年鉴》。

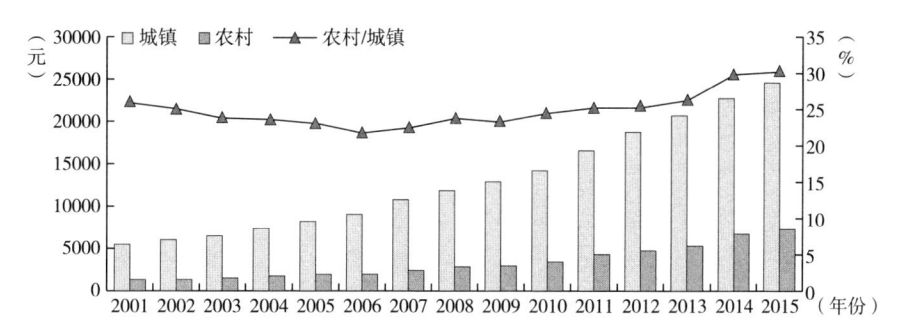

(年份)	2001	2002	2003	2004	2005	2006	2007	2008	2009	2010	2011	2012	2013	2014	2015
贵州城镇化率	23	24	24	26	26	27	28	29	29	33	34	36	37	40	42
全国城镇化率	37	39	40	41	42	44	45	46	48	49	51	52	53	54	56

图 1-6 2001~2015 年贵州省城镇和农村居民人均可支配收入及变化趋势

均可支配收入的比重刚达到 30.1%，此前一直低于 30%，而 2002~2011 年，城镇和农村居民人均可支配收入差距在不断扩大，只是从 2011 年后差距才逐渐缩小。如果将贵州城乡二元结构与全国平均水平（见图 1-7）来比较，可以看到贵州城乡二元经济结构矛盾更为突出。从 2001~2015 年全国城镇和农村居民人均可支配收入来看，全国农村居民人均可支配收入占城镇的比重一直在 35% 上下徘徊，约高于贵州 5 个百分点。

4. 地理环境相对闭塞，对外开放水平偏低

虽然近年来中央政府和贵州省政府加大了对贵州省的基础设施投

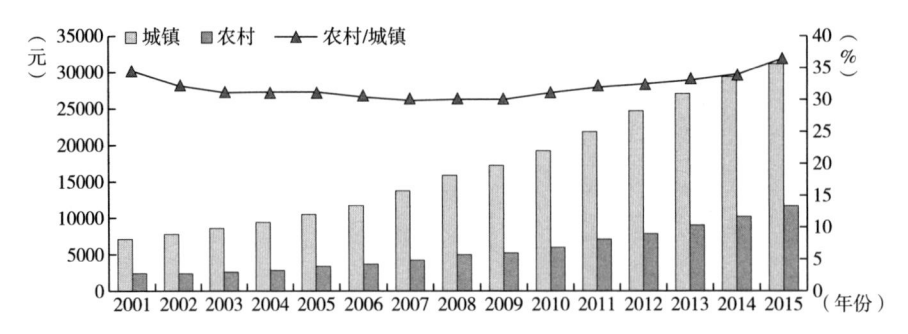

图 1-7　2001~2015 年全国城镇和农村居民人均可支配收入及变化趋势

资，极大地改善了贵州省交通设施落后的状况，但贵州省地处西南，与我国经济发达的三大区域距离较远。因此，相对闭塞的地理环境并不会因为交通设施的改善而得到根本扭转。地理环境的相对闭塞，导致贵州省整体对外开放水平偏低，具体表现为贵州省的进出口总额占全国的比重较低。从表 1-3 中可以看到，2015 年贵州省进出口总额为 124 亿美元，占全国的比重仅为 0.31%，却是近五年来占比最高的。

表 1-3　2011~2015 年全国和贵州进出口总额比较

单位：亿美元，%

年　份	全国进出口总额	贵州进出口总额	贵州进出口总额占全国比重
2011	36418.6	48.9	0.13
2012	38671.2	66.3	0.17
2013	41589.9	82.9	0.20
2014	43015.3	107.7	0.25
2015	40023.0	124.0	0.31

资料来源：2015 年资料来自中国和贵州 2015 年国民经济和社会发展统计公报，其他来自《中国统计年鉴（2015）》和《贵州省统计年鉴（2015）》。

5. 固定资产投资比重过高，发展后劲不足

投资、消费和出口是拉动经济增长的三驾马车。由于投资驱动对于后发国家或不发达经济体具有短期见效快的显著特点，作为发展中国家，我国长期以来的经济增长具有明显的依靠投资驱动的特征。从表1-4中可以看到，2001~2014年，消费和投资是我国经济增长的主要动力来源。虽然投资作为主要的增长动力的现实一直并未改变，但消费的拉动作用在不断提升。

表1-4 2001~2014年三大增长动力对我国国内生产总值的贡献率

单位：%

年　份	最终消费支出	资本形成总额	货物和服务进出口
2001	48.6	64.3	-12.9
2002	57.3	37.9	4.8
2003	35.8	69.6	-5.4
2004	43	61.3	-4.3
2005	55	32.3	12.6
2006	42.4	42.3	15.2
2007	45.8	43.4	10.8
2008	45	52.3	2.7
2009	56.8	86	-42.8
2010	46.3	65.2	-11.5
2011	62.8	45.4	-8.2
2012	56.5	41.8	1.7
2013	48.2	54.2	-2.4
2014	51.6	46.7	1.7

资料来源：《中国统计年鉴（2015）》。

客观而言，在我国特殊的制度格局下，相比于消费和出口，投资较多地由地方政府控制，扩大投资的冲动是不可避免的。然而，如果某个地区的经济增长主要的拉动力是投资，比如，固定资产投资比重过高，固定资产投资额甚至超过当年该地区的生产总值，则反映出该地区的经济增长缺乏动力，发展的后劲不足。从表1-5中可以看出，贵州省固定资产投资增速远高于GDP的增速，且固定资产投资占GDP

的比重不断提升，尤其从2008年爆发金融危机以来，固定资产投资占比迅猛增长，2015年贵州省全社会固定资产投资总额竟超过其地区生产总值。由此可以判断，近年来在全国经济步入新常态阶段，经济呈现中高速增长的宏观环境下，贵州省GDP保持较快的增长速度，其主要的增长来源于大量的投资。虽然短期内会促进贵州省经济的发展，但从长期来看增长难以持续。

表1-5 2001~2015年贵州省国内生产总值和全社会固定资产投资情况

单位：亿元，%

年 份	GDP	全社会固定资产投资	GDP增速	固定资产投资增速	固定资产投资占GDP比重
2001	1133.27	533.74	8.8	32.6	47.1
2002	1243.43	632.44	9.1	18.5	50.9
2003	1426.34	754.13	10.1	19.2	52.9
2004	1677.8	869.25	11.4	15.3	51.8
2005	2005.42	1018.25	12.7	17.1	50.8
2006	2338.98	1197.68	12.8	17.6	51.2
2007	2884.11	1488.8	14.8	24.3	51.6
2008	3561.56	1864.45	11.3	25.2	52.3
2009	3912.68	2450.99	11.4	31.5	62.6
2010	4602.16	3186.28	12.8	30.0	69.2
2011	5701.84	5101.55	15.0	60.1	89.5
2012	6852.2	5717.8	13.6	35.0	83.4
2013	8086.86	7373.6	12.5	29.0	91.2
2014	9266.39	9025.75	10.8	22.4	97.4
2015	10502.56	10676.7	10.7	22.3	101.7

资料来源：《贵州省统计年鉴（2015）》和《2015年国民经济和社会发展统计公报》。

与此同时，通过分析不同经济类型的固定资产投资占比情况，可以判断某一地区经济的活跃程度。一般而言，对于东部发达地区，其民营经济异常活跃,民间固定资产投资占比一般达到70%以上,而国有经济固定资产投资占比维持在20%左右。从表1-6中可以看到2014年全国及主要省市不同经济类型投资规模及占比情况,在全国固定资产投资占比中,国有经济占比远低于其他经济类型的占比,北京、天津、上海和浙江等发达省市表现得尤为明显。

表1-6 2014年全国及主要省市不同经济类型投资规模及占比情况

单位:亿元,%

地区	总计	国有经济	集体经济	其他经济	国有经济占比	集体经济占比	其他经济占比
全国	512020.0	125005.2	15188.9	371825.9	24.41	2.97	72.62
北京	6924.2	1579.3	131.2	5213.7	22.81	1.89	75.30
天津	10518.2	2122.0	758.5	7637.7	20.17	7.21	72.61
上海	6016.4	1405.8	49.5	4561.1	23.37	0.82	75.81
浙江	24262.8	5216.3	945.5	18101.0	21.50	3.90	74.60

资料来源:《中国统计年鉴(2015)》。

然而,贵州省不同经济类型的固定资产投资占比中,仅就2014年而言,国有经济占比就高于全国平均水平约22个百分点。虽从2003年以后,贵州省国有经济的固定资产投资占比不断下降,但依然高达45%上下,2000~2005年,贵州省国有经济投资占比达70%上下(见图1-8)。贵州省固定资产投资占GDP比重过高,国有经济成为投资的主体,民间投资综合实力不足、竞争力不强,使扶持政策发挥效力不够,民间投资增长较慢,民间投资活力尚未充分释放,发展的后劲不足。

6. 贫困人口较多,扶贫攻坚难度大

按国际标准,我国已对全球减贫贡献率达到70%以上,成为全球第一个实现联合国千年发展目标的发展中国家。尽管如此,我国扶贫形势依然严峻。根据国家脱贫目标,到2020年要实现5575万贫困人

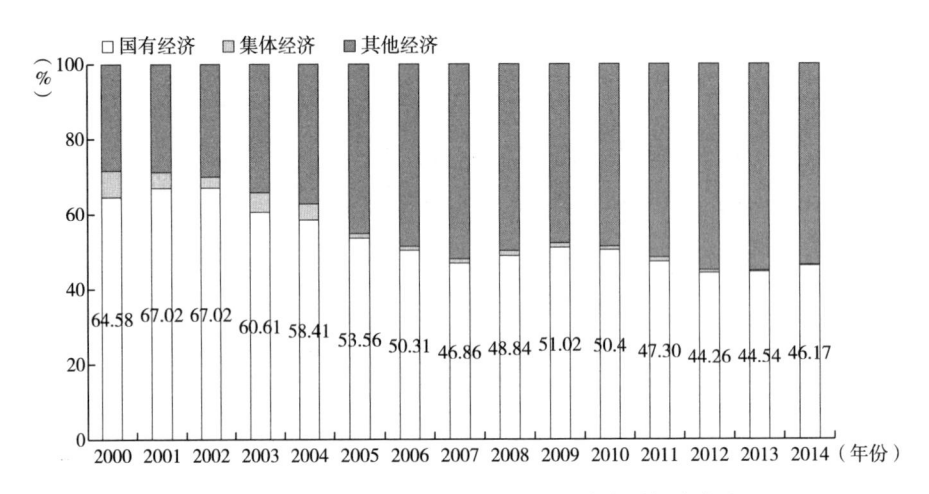

图 1-8 2000~2014 年贵州省不同经济类型投资占比

资料来源：《贵州省统计年鉴 (2015)》。

口脱贫和 832 个贫困县摘帽的目标。鉴于当前及未来扶贫面对的是"最后一群人"，也就是那些底子最薄、条件最差、难度最大的"硬骨头"，因此，打赢脱贫攻坚战，还需要付出艰苦的努力。[①]

就贵州省而言，仅在 2015 年，贵州还有 493 万贫困人口，是全国贫困人口数量最多的省份，占全国 8.77%。全省共有 66 个贫困县、190 个贫困乡、9000 个贫困村。全省 88 个县（市、区、特区）中，贫困发生率在 10% 以上的有 61 个。相比全国来说，贵州要在 2020 年实现全部人口脱贫，更加困难。此外，对照国家规定的"原则上贫困县贫困发生率降至 2% 以下（西部地区降至 3% 以下）"的脱贫目标，贵州脱贫攻坚任务还很艰巨（见表 1-7）。

未来，贵州将面临极为严峻的扶贫攻关任务。如何通过产业扶贫，为贫困地区寻找到新的支撑产业，以增加人们收入，减少贫困人口，将是未来五年内贵州省经济社会发展工作的重心。

[①] "中国脱贫目标：到 2020 年消灭绝对贫困"，《对话》，http://www.cpad.gov.cn/art/2016/10/18/art_82_54533.html。

表 1-7　贵州省贫困面基本情况①

年份	贫困县（个）	贫困乡（个）	贫困村（个）	贫困人口（万人）	脱贫人口（万人）	减贫摘帽乡镇（个）	贫困发生率（％）
2010	50	934	13974	418	137	—	12.1
2011	66	868	13974	1149	60	66	33.4
2012	66	740	13974	923	226	128	26.8
2013	66	568	13974	745	178	172	21.3
2014	66	409	9000	623	122	159	18.0
2015	66	190	9000	493	130	219	14.0

资料来源：贵州省统计局。

（二）贵州市场化进程相对缓慢

1. 从各省市场化指数看贵州市场化进程

为了客观评价市场化改革对推进中国经济发展的贡献，促进中国尽快建立完善的市场经济体制，樊纲等从非国有经济的发展、政府和市场的关系、产品市场的发育、要素市场的发育、市场中介组织的发育和法律制度环境等六个方面对全国的市场化指数和分省市场化指数进行评价。② 他们的研究成果显示，在 2008 年金融危机爆发以前，中国整体市场化指数上升较快；金融危机以后，政府出于稳增长的目的，相继出台了 4 万亿元刺激计划，并出台了各种产业政策，阻碍了中国市场化改革进程，致使市场化进程整体有所放缓，尤其在中西部地区，政府为了保持经济增长，稳定就业，加大了投资，市场化进程非但没有前进，反倒在某种程度上呈现倒退趋势。

---

① 从 2011 年中央扶贫开发工作会议后，贵州省 16 个县划入国家集中连片特困地区，贫困县增加到 66 个；2010～2013 年，贫困村按老行政区划统计；2014 年，贫困村按省民政厅提供的 2013 年行政区划，重新识别；2010 年，贫困人口标准为人均纯收入 1274 元（2010 年不变价）及以下；从 2011 年起，贫困人口标准为人均纯收入 2300 元（2010 年不变价）及以下。

② 樊纲、王小鲁、朱恒鹏：《中国市场化指数——各地区市场化相对进程》，经济科学出版社，2010。

表 1-8 各省份市场化指数评分和排名

省份	市场化评分 2008年	2010年	2012年	2014年	市场化排名 2008年	2010年	2012年	2014年	2014年较2008年评分升降	2014年较2008年位次升降
浙 江	7.81	8.23	9.33	9.78	2	3	2	1	1.98	1
上 海	8.01	8.74	8.67	9.78	1	1	4	2	1.77	-1
江 苏	7.80	8.58	9.95	9.63	3	2	1	3	1.83	0
广 东	7.51	7.73	8.37	9.35	4	4	5	4	1.84	0
天 津	6.53	6.98	8.87	9.17	8	6	3	5	2.64	3
北 京	7.23	7.66	8.31	9.08	5	5	6	6	1.85	-1
福 建	6.67	6.63	7.27	8.07	7	8	8	7	1.40	0
山 东	6.98	6.87	7.41	7.93	6	7	7	8	0.95	-2
重 庆	5.96	6.14	6.89	7.78	12	12	9	9	1.82	3
安 徽	6.00	6.18	6.36	7.46	10	11	12	10	1.46	0
湖 北	5.49	5.59	6.32	7.28	18	15	13	11	1.79	7
辽 宁	6.42	6.36	6.65	7.00	9	9	10	12	0.58	-3
河 南	5.99	6.19	6.48	7.00	11	10	11	13	1.01	-2
湖 南	5.36	5.49	5.73	6.79	19	17	19	14	1.44	5
江 西	5.50	5.66	5.74	6.79	17	14	18	15	1.29	2
四 川	5.85	5.80	6.10	6.62	13	13	16	16	0.77	-3
广 西	5.67	5.11	6.19	6.51	15	18	14	17	0.83	-2
吉 林	5.81	5.49	6.15	6.42	14	16	15	18	0.61	-4
陕 西	4.36	3.95	5.18	6.36	25	25	23	19	2.00	6
黑龙江	4.92	4.84	6.01	6.22	20	21	17	20	1.30	0
河 北	5.58	5.07	5.58	6.19	16	19	20	21	0.51	-5
海 南	4.31	4.59	5.44	5.94	26	23	21	22	1.63	4
山 西	4.37	4.60	4.89	5.27	24	22	24	23	0.90	1
宁 夏	4.26	3.92	4.37	5.26	27	26	26	24	1.00	3
内蒙古	4.79	4.56	5.34	5.10	21	24	22	25	0.31	-4
云 南	4.54	5.01	4.49	4.94	22	20	25	26	0.41	-4
贵 州	4.47	3.55	4.36	4.85	23	27	27	27	0.38	-4
甘 肃	3.86	3.43	3.38	4.04	28	28	28	28	0.18	0
新 疆	3.59	2.87	2.94	3.49	29	29	29	29	-0.10	0
青 海	2.94	2.53	2.64	2.53	30	30	30	30	-0.41	0
西 藏	1.36	0.44	0.00	0.62	31	31	31	31	-0.74	0
全国平均	5.48	5.44	5.98	6.56	—	—	—	—	—	—

资料来源：王小鲁、余静文、樊纲：《中国市场化八年进程报告》，http://finance.qq.com/a/20160414/041777.htm。

这一趋势在贵州省表现得尤为明显。从表1-8各省份市场化指数评分和排名来看，2008~2014年，贵州省市场化程度不但没有上升，而且在全国排名下降了4个位次；一直以来，贵州省市场化指数的排名在全国都处于很落后的地位，基本上在后5位。从以上分析贵州省固定资产投资和不同经济类型的投资的情况，我们也可看出贵州省近年来国有经济投资比重确实在不断增大，民营经济投资乏力。

2. 从市场化各指标看贵州市场化的不足

为了更加清晰了解贵州省在市场化程度方面的不足，有必要详细考察贵州在市场化各方面的排名及得分情况。[①] 只有这样，才能为贵州省当前的改革指明方向，弥补其短板，极大地推动其市场化改革，进而增强经济社会发展的活力与动力。

通过对表1-9的分析可得到如下判断。

（1）整体而言，贵州省不仅总体市场化指数在全国排名偏低，各项市场化指数的排名也很低，各项指标的排名多位于全国后5名。

（2）在政府与市场的关系方面，整体来看，2007年贵州省列全国第27位，比2005年上升1位；从各分项指标来看，可以发现更多的情况。贵州省市场分配经济资源的比重连续三年仅列全国第29位；减少政府对企业的干预方面，在2005年和2006年贵州都排在全国最后一位，2007年则排在第30位。这说明贵州省政府对经济的干预较多，在资源配置中扮演很重要的角色，市场化程度落后。

（3）在非国有经济发展方面，整体来看，贵州省2007年比2005年的排名上升1位；三个分项指标的排名分别为第26位、26位和27

[①] 笔者在此选择考察2005~2007年贵州省在市场化各方面、各指标的排名及得分，主要基于两个方面的原因：一是最新的中国市场化指数报告，尚没有出版，最新数据难以获取；二是笔者认为考察金融危机以前贵州省市场化各方面的情况更加合理，也更能为今后市场化改革提供指导。在金融危机以后，贵州等中西部地区的市场化进程不进反退。

位。具体而言，非国有经济在工业销售收入中所占的比重从2005年的第27位上升到2007年的第26位；非国有经济在全社会固定资产总投资中所占比重上升了3位，从2009年的第29位上升到2007年的第26位；非国有经济就业人数占城镇总就业人数的比例则下降了1位，从2005年的第26位降到2007年的第27位。

（4）在产品市场的发育程度方面，整体来看，呈现稳步上升的趋势，2007年贵州在全国列第19位，这成为贵州省首次在5个市场化指数方面取得的最好排名。具体来看，价格由市场决定的程度排名2007年比2005年上升了1位，而减少商品市场上的地方保护的排名2007年比2005年上升了1位。

（5）在要素市场的发育程度方面，贵州排名出现滑落，从2005年排第24位下降到2007年的第29位。具体来看，各指标分化趋势明显，其中表现最差的排名是技术成果市场化，连续三年都是全国倒数第一；金融业的市场化排名有所上升，2007年比2005年上升2位；引进外资的程度上升位次比较明显，上升了5个位次；劳动力流动性的排名虽然下降了2位，但在全国还居于比较靠前的位次。

（6）市场中介组织的发育和法律制度环境方面，贵州省连续三年来都排在全国倒数第二位，这也是贵州在各个市场化指数排名最靠后的指标。具体而言，贵州省表现最差，连续三年排在全国倒数第一的是对生产者合法权益的保护；而市场中介组织的发育连续三年列全国第28位，尴尬的排名地位始终没有变化；对知识产权保护排名有所上升，上升了2个位次；对消费者权益保护有所下降，下降了1个位次。

表1-9　2005~2007年贵州在市场化各指标的排名及得分

市场化各项指标	2005年 排名	2005年 得分	2006年 排名	2006年 得分	2007年 排名	2007年 得分
1. 政府与市场的关系	28	6.67	27	6.75	27	6.62

续表

市场化各项指标	2005年 排名	2005年 得分	2006年 排名	2006年 得分	2007年 排名	2007年 得分
1a. 市场分配经济资源的比重	29	3.36	29	2.96	29	2.52
1b. 减轻农民的税费负担	6	10.24	6	10.28	5	10.26
1c. 减少政府对企业的干预	31	-0.84	31	-0.22	30	0.46
1d. 减轻企业的税外负担	23	14.04	20	14.34	27	13.82
1e. 缩小政府规模	9	6.54	8	6.39	8	6.05
2. 非国有经济发展	28	3.54	26	4.82	27	5.37
2a. 非国有经济在工业销售收入中所占的比重	27	2.74	26	3.12	26	3.40
2b. 非国有经济在全社会固定资产总投资中所占比重	29	3.85	26	6.70	26	7.82
2c. 非国有经济就业人数占城镇总就业人数的比例	26	4.02	25	4.64	27	4.87
3. 产品市场的发育程度	22	8.13	21	8.61	19	9.02
3a. 价格由市场决定的程度	18	7.26	18	7.26	17	7.69
3b. 减少商品市场上的地方保护	27	8.99	27	9.96	26	10.34
4. 要素市场的发育程度	24	2.56	27	2.71	29	3.07
4a. 金融业的市场化	26	5.10	25	5.88	24	7.05
4b. 引进外资的程度	28	0.16	29	0.25	23	6.13
4c. 劳动力流动性	9	4.74	11	4.59	11	4.80
4d. 技术成果市场化	31	0.23	31	0.11	31	0.14
5. 市场中介组织的发育和法律制度环境	30	3.12	30	3.20	30	3.76
5a. 市场中介组织的发育	28	3.46	28	3.46	28	3.03
5b. 对生产者合法权益的保护	31	0.21	31	-0.46	31	0.87
5c. 知识产权保护	22	1.03	20	1.64	20	1.94
5d. 消费者权益保护	21	7.77	21	8.16	22	8.71

资料来源：樊纲、王小鲁、朱恒鹏：《中国市场化指数——各地区市场化相对进程》，经济科学出版社，2010，第193页。

（三）发展没有动力产业支撑

当前贵州支柱产业主要有哪些？未来在贵州全面深化改革的进程

中，这些支柱产业能否适应新形势和新要求？当前的支柱产业能否作为贵州经济社会实现历史性跨越的动力支撑产业，以解决贵州面临的发展困境？诸如此类问题，应有一个正确清晰的认识，以在此基础上，为贵州寻找到能破解当前全面深化改革核心难题的动力支撑产业。

1. 当前贵州省的支柱产业分析

在一定区域内，支柱产业应具有几个典型特征：一是从数量上来说，在国民经济体系中所占的比例大，占据一个国家或地区经济总量的较大或绝大部分；二是在区域产业结构体系中作用明显且重要，甚至是处于主干地位；三是在产业结构体系中，对于其他产业来说具有较强关联作用，产业关联度强和关联系数高。[①] 按照比较简单的筛选方法，支柱产业可以用两个指标来反映：总产值在国民经济中的比重较大和增加值要占到 GDP 的 5% 以上。

从行业总产值来看，2014年总产值排名比较靠前的前五名，分别是煤炭开采洗选业，电力、热力生产供应业，塑料制品业，饮料制造业和化学原料及制造业（见表 1-10）；从行业增加值来看，2014年排名最为靠前的两个行业是煤炭开采洗选业和饮料制造业（见表 1-11）。[②]

表 1-10　2010~2014 年贵州主要行业总产值

单位：亿元

年份	煤炭开采洗选业	电力、热力生产供应业	塑料制品业	饮料制造业	化学原料及制造业	非金属矿物制品业	黑色金属冶炼加工业	烟草制造业	医药制造业
2010	655.72	913.38	23.43	227.04	336.03	182.22	408.41	208.65	180.61
2011	1015.81	980.17	31.97	323.89	476.8	273.54	541.53	253.47	227.31

---

① 张丰羽：《贵州省支柱产业分析及其经济溢出效应研究》，贵州财经大学硕士学位论文，2015。

② 在此处，笔者省略了对旅游业的分析。因为旅游业在贵州省的独特作用，所以为了更能突出贵州旅游业的发展阶段，笔者对其进行了专门更为详尽的分析。

续表

年份	煤炭开采洗选业	电力、热力生产供应业	塑料制品业	饮料制造业	化学原料及制造业	非金属矿物制品业	黑色金属冶炼加工业	烟草制造业	医药制造业
2012	1244.16	1134.82	362.09	438.60	555.67	576.05	371.57	316.7	227.33
2013	1445.11	1263.73	610.93	597.52	645.66	624.08	423.86	348.6	300.47
2014	1607.47	1301.61	888.12	715.96	684.96	648.59	426.74	374.7	354.29

资料来源：历年《贵州省统计年鉴》。

表1-11 2010~2014年贵州主要行业增加值

单位：亿元

年份	煤炭开采洗选业	饮料制造业	电力、热力生产供应业	烟草制造业	塑料制品业	化学原料及制造业	黑色金属冶炼加工业
2010	276.68	162.79	203.6	152.62	4.51	58.47	54.42
2011	411.35	238.88	234.89	175.81	5.39	96.68	66.7
2012	472.21	378.82	295.39	246.89	66.34	109.43	75.2
2013	558.35	495.62	318.03	274.74	106.79	124.84	94.07
2014	676.28	613.85	340.17	302.19	190.56	141.46	140.13

资料来源：历年《贵州省统计年鉴》。

从图1-9中可以看到，2001~2015年，贵州省旅游总收入不断提升，占GDP的比重也快速上升，从7.19%上升到33.45%。旅游业早已成为贵州经济社会发展的支柱产业。根据笔者的研究以及当前贵州经济社会发展的阶段特点，贵州旅游业发展面临的问题主要表现为人民生活水平有待提高，人均可支配收入及消费水平均偏低，由此判断，贵州省的旅游业仍处于以传统的观光旅游为主的阶段，旅游业的现代化水平仍较低[1]（见表1-12）。

根据上述对贵州省支柱产业的分析，不难归纳得出当前贵州省的

---

[1] 关于现代旅游业，笔者会在后文详细阐述，此处根据笔者的研究，对贵州旅游所处的发展阶段做一个理性的判断。

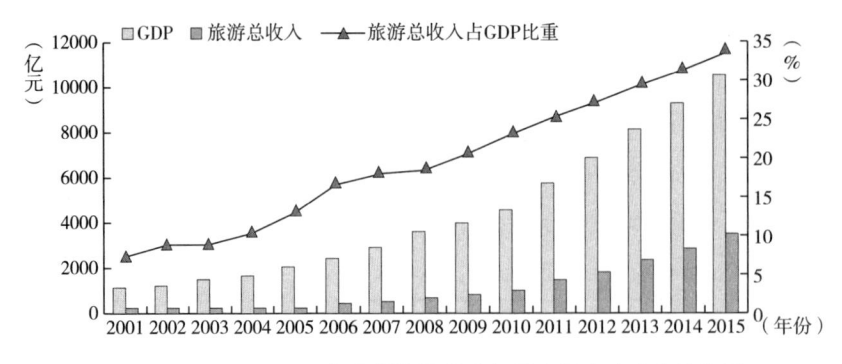

图 1-9　2001~2015 年贵州旅游总收入及占国内生产总值比重

主要支柱产业有两个：其一，以煤炭开采洗选业和电力、热力生产供应业为代表的能源性产业。能源产业中的煤炭开采洗选业和电力、热力生产供应业在产业结构中所占的份额大；能源产业经过长期的发展，已经形成较为完整的产业集群。其二，传统旅游业。贵州旅游总收入在国内生产总值中占有较大比重。

表 1-12　传统旅游业与现代旅游业的区别

	传统旅游业	现代旅游业
产品形态	以观光旅游为主，以休闲度假、邮轮旅游等旅游新业态为辅	以休闲度假、邮轮旅游等新业态为主，观光旅游为辅
科技支撑	依托近代以蒸汽机发明使用为标志的第一次产业革命成果（火车、汽车、轮船等）以电气发明使用为标志的第二次产业革命的成果（电话、传真等）	建立在以数字电子为标志的第三次产业革命的基础上。广泛地吸收现代科技的成果，比如人工智能、虚拟现实等技术
管理理念	服务意识落后，注重标准化	树立现代化管理理念，以人为本，注重个性化
发展方式	粗放式发展	集约式发展
商业模式	以 B2C 为主，C2B 为辅	以 C2B 为主，B2C 为辅
信息化建设	报纸、杂志和宣传单等	全球分销系统、全球旅游预订系统和专项旅游网站建设等

资料来源：在刘民坤、何华（2013）的研究基础上修改。刘民坤、何华：《现代旅游业的界定与提升》，《管理世界》2013 年第 8 期，第 177~178 页。

然而，值得深入思考的是，在当前经济新常态下，能源产业和传统旅游业作为支柱产业，在未来能否继续成为贵州省经济社会发展的动力支撑产业？如果答案是否定的，那么，在新旧增长动能转换的大背景下，贵州省未来有望依托的重点产业的突破口在哪里？什么样的产业能够有效解决当前贵州省面临的上述发展难题？这需要我们更加深入的研究和探索，助力贵州省实现经济社会发展的历史性跨越。

2. 能源产业难以适应经济转型升级的客观要求

要判断能源产业作为当前的支柱产业，能否担当动力支撑的重任，以解决当前贵州省经济社会发展面临的困局，应该要把握住当前我国经济发展新常态出现的新变化。过去我国经济虽然高速发展，但由于"高投入、高消耗、高排放"的粗放型发展方式居主导地位，过分依赖投资和重化工业拉动增长，因而资源过度消耗、环境恶化的问题相当严重，这种发展模式不仅不可持续，而且也违背发展经济的目的——提高全体人民生活水平和质量[①]。事实上，这么多年的高速发展，是以生态环境的破坏为代价的，这种发展道路难以持续。

近年来，中国经济增长，正在逐渐由主要依靠资源、劳力、投资的传统动能驱动转向主要依靠新技术、新产品、新业态、新模式驱动的"新经济"[②]。在新经济背景下，我国经济转型升级势在必行。推进中国经济转型升级，是建设美丽中国的内在要求，是实现从工业文明迈向生态文明的题中之义，是提升中国在世界上的国家竞争力的根本举措，其意义尤为重大。实现中国经济转型升级，应坚持将经济发展与资源节约型、环境友好型社会建设协调推进，加快发展绿色、低碳、循环经济；加大改革力度，实施创新驱动发展战略。这是当前贵州寻

[①] 林兆木：《中国经济转型升级势在必行》，《经济纵横》2014年第1期，第17～22页。
[②] 王诚庆、徐金海：《推进我国新经济积极有序发展》，《中国发展观察》2016年第14期，第24～26页。

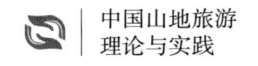

找动力支撑产业时，不得不正视的一个客观事实。

能源产业属于"高投入、高消耗、高排放"的产业，已不符合当前我国经济发展的新形势和新要求，难以适应经济转型升级的客观要求。这说明，能源产业不能作为贵州全面深化改革的动力支撑产业。

3. 传统旅游业难以解决贵州省经济社会面临的核心难题

从上文分析来看，贵州省经济社会面临的核心难题可归纳为改革和发展。改革的难题主要指的是如何推动市场化改革；发展的难题主要是如何促进经济提质增效、如何缩小城乡贫富差距、如何进一步扩大对外开放和如何打赢扶贫攻坚战。

当前贵州省的旅游业还处于传统旅游业的发展阶段，没有过渡到现代旅游业的发展阶段。现代旅游业是现代服务业的组成部分，随着工业化水平的不断提高而动态地发展，在产品形态、科技支撑、管理理念、发展方式、商业模式和信息化建设等方面对传统旅游业进行继承、再造、创新和提升，并且具有传统旅游业所没有的新特征、新业态、新功能，主要依托信息技术和现代管理发展起来，是信息和知识相对密集的生产性和消费性旅游业。而传统旅游业发展方式粗放，对生态环境破坏较大；与其他产业关联度较低，带动就业能力有限；产品形态以观光旅游为主，旅游消费水平较低；内部制约较多，市场化程度较低；开放度较低；当地居民难以从旅游的发展中获得实实在在的利益。

由此可以判断，传统旅游业也难以解决当前贵州省经济社会发展面临的核心难题，也不能作为动力支撑产业，不能成为贵州全面深化改革的突破口。

4. 五大新兴产业尚未形成现代产业体系

为了在新常态下，实现贵州经济社会的跨越式发展，贵州省委省政府积极探索，在2015年政府工作报告中提出要大力发展五大新兴产业，重点发展以大数据为引领的电子信息产业、以大健康为目标的医药养生产业、以绿色有机无公害为标准的现代山地高效农业、以民族和山地为特色的文化旅游业、以节能环保低碳为主导的新型建筑建材业。应该看到，得益于国家和贵州省政府的大力支持，五大新兴产业在贵州省发展迅猛，但又不得不承认的客观事实是，五大新兴产业只是未来贵州省作为经济转型升级的方向，还没能成为贵州省的支柱产业，也没能形成现代产业体系，尚不具备成为动力支撑产业的条件。那么，什么产业能够成为"五大新兴产业"的黏合剂、能够促进"五大新兴产业"实现联动发展，以形成现代产业体系？这也成为贵州在寻找动力支撑产业时，不得不考虑的一个重要问题。

（四）深化改革没有抓手

贵州全面深化改革，改什么？怎么改？要回答这个问题，应从宏观上来分析此次改革与改革开放之初贵州面临的形势和问题有何不同，以及当前贵州是否存在某类产业成为改革抓手的可能。

1. 正确认识当前改革的逻辑

改革开放以来，我国社会经济发展取得了举世瞩目的成绩，然而，随着社会经济的发展，一些体制机制不适应市场经济的深层次问题逐渐显露出来，在这个大背景下，全面深化改革成为社会共识。[1] 全面深化改革怎么改？改什么？突破口在哪里？这是当前迫切需要解决的问题。当前，全面深化改革的任务堪比1978年的改革。

改革之初，我国社会经济全面固化，铁板一块，所有生产要素固化到既定单位上，甚至每一个人都被死死地拴在某个单位上不能流动；而现在则是各管理部门的管理方式固化，体制机制固化，甚至形

---

[1] 戴学锋：《全面深化改革，旅游业是突破口》，《中国旅游报》2016年2月19日，第3版。

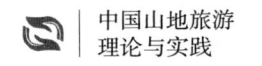

成固化的部门利益，国土、规划、建设、审批项目等部门的管理方式僵化。简单来说，改革开放之初是地方政府思想不解放，难以理解改革开放的大局；现在则是各项法规条例把地方政府的手脚完全捆住，稍一动作就违规，甚至违法。

由此可见，此次全面深化改革的核心是如何打破僵化固化的体制机制，让市场在资源配置中起决定性作用；而在当前的形势下，如何选择一个关系全局、具有一定规模、产业特征灵活的产业深化改革，是全面深化改革的关键。

2. 贵州深化改革没有抓手

当前贵州全面深化改革，应理性思考，以什么产业作为抓手？当前贵州省支柱产业能否打破僵化固化的体制机制问题。

能源产业作为关乎国家经济命脉的产业，在我国其基本属于国有经济；能源产业要进一步发展，面临的体制机制束缚比其他产业更加突出。不管如何改，能源产业都不可能完全对外开放，让市场来决定资源的配置。传统旅游业，内部束缚较多，体制机制束缚很严重，其自身要发展，则面临着发展方式转型升级的问题。然而，当前贵州主要的支柱产业是能源产业和传统旅游业，一方面自身面临着体制机制的严重束缚，另一方面也不适合当前经济发展的形势，不能作为深化改革的抓手；"五大新兴产业"尚没有形成现代产业体系，尚处于成长期，与其他产业尚没有建立关联，也不能作为引领性的动力支撑产业，充当改革的抓手。

二　比较优势战略与贵州经济社会的跨越式发展

选择贵州省的动力支撑产业，既要立足于全面分析当前贵州省所面临的经济社会发展中的核心难题，也应站在全局的角度认识贵州省在全国范围内所具有的比较优势。根据贵州省的比较优势，来选择相应的发展战略。

（一）比较优势与发展战略

贵州省在经济发展的战略选择上，主要有两种战略，一种是赶超型重工业优先发展战略或进口替代战略，另外一种是比较优势战略。对于欠发达国家和地区来说，相比于重工业优先发展战略，比较优势战略是一种更为成功的经济发展战略。比较优势战略使经济发展在每个阶段都能发挥当时资源禀赋的比较优势，从而维持经济的持续增长并提升资源禀赋的结构。[①] 比较优势战略，不是一成不变的，而是会随着经济社会的动态发展，资源禀赋的差异以及经济发展面临的环境变化，做出实时的调整。

通过观察近几十年来世界各国经济发展的实践，笔者认为：对于欠发达国家或地区，倘若采用赶超型重工业优先发展战略，初期可能会促进经济快速发展，但从长期来看，经济会出现结构失衡等问题，从而阻碍经济的可持续发展，甚至会引起社会动荡，典型的如苏联、东欧国家和新中国成立初期到1970年代中期我国的经济实践；然而，"二战"以后，日本和东亚"四小龙"采取了比较优势战略，提升了资源禀赋的结构，经济发展取得了巨大的成功；改革开放四十年来，中国经济取得了举世瞩目的成绩，创造了"中国奇迹"；根本原因在于，改革开放之初，中国放弃了赶超型重工业优先发展战略，采取了比较优势战略来发展经济，有效地发挥了当时中国廉价的劳动力和原材料的优势，让中华民族重新崛起于世界民族之林。

[①] 林毅夫、蔡昉、李周：《比较优势与发展战略——对"东亚奇迹"的再解释》，《中国社会科学》1999年第5期，第4~20页。

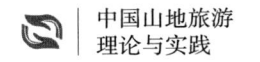

（二）贵州工业强省战略的理性思考

1. 区域性发展战略的制定

区域性发展战略是在一定时期，按照比较优势原则，选择某个产业作为突破口，以实现该区域经济社会的可持续发展。区域性发展战略的制定，对今后该区域经济社会的发展影响深远，应格外慎重。一旦区域性发展战略出现偏误，便会进一步拉大区域与其他区域的发展差距。因此，制定区域性发展战略，应秉持科学理性实事求是的态度，全面地分析该区域当前经济社会发展面临的核心难题，在此基础上选择合适的区域性发展战略；而不应通过对区域局部问题的认知，制定区域性发展战略。探寻贵州经济社会发展的历史性跨越路径，应形成这种共识：贵州发展战略的选择，应能切中当前贵州经济社会发展的核心难题，而不应把某个非核心难题放大，忽略贵州整个经济社会系统所面临的核心难题。

2. 贵州工业强省战略的理性思考

前文分析指出当前贵州第二产业确实面临着发展不充分的问题，但若片面强调甚至夸大这一问题，而没有从整体上把握贵州经济社会发展所面临的困境，则很容易得出贵州要实现经济社会发展的历史性跨越，应大力发展工业、实施工业强省战略的错误结论；但这也不是说，完全不发展工业，而是说将发展工业上升为区域发展战略，已不适合当前我国经济的新形势和可能解决贵州改革出现的新问题。

以上对贵州不应实行工业强省战略的论述，主要基于如下的考虑：①从世界经济社会发展的趋势来看，人类已进入后工业化文明时代，逐步迈向生态文明时代，我国也已提出建设美丽中国，走向社会主义生态文明新时代的号召，这表明以工业强省作为主战略来实施已不合时代要求。②实施工业强省的战略，难以发挥出贵州相对其他省份的比较优势。现在贵州经济社会虽然落后,却留存下了相对原生态的自然环境,这是贵州最大的比较优势。③与周边省份相比,贵州发展工业具有交通不便、远离消费市场等不利因素。④工业强省战略只能解决某个方面的问题,而不能从整体上解决贵州经济社会面临的核心难题。

(三) 贵州省的比较优势分析

要素禀赋决定地区的比较优势。就贵州而言,其部分矿产资源和旅游资源具有比较优势,但其地理区位条件、劳动力资源、资本存量、教育和科技等方面都在全国处于较低水平。当前,贵州省主要的支柱产业是:煤炭开采和洗选业、饮料制造和烟草制品业、化学原料及化学原料制造业、电力热力的生产和供应业、医药制造业和传统旅游业。①就目前的支柱产业而论,除了旅游业,以煤炭开采和洗选业为代表的能源产业已不适合当前经济新常态发展的要求,也与建设社会主义生态文明相背离,也不适应贵州大力发展五大新兴产业的产业布局战略。唯有现代旅游业既能发挥贵州省旅游资源较为丰富的比较优势,又能适应当前经济社会转型升级和建设社会主义生态文明的新要求。

然而,应引起充分重视的是,虽然贵州省旅游资源丰富,但旅游业的发展并没有充分发挥出应有的比较优势,旅游业竞争力不强。②造成当前贵州旅游业竞争力不强的根源在于,其旅游业的发展还处于传统的旅游业发展阶段。未来应充分发挥贵州省在旅游业发展上的比

---

① 张丰羽:《贵州省支柱产业分析及其经济溢出效应研究》,贵州财经大学硕士学位论文,2015。
② 刘开华:《贵州省产业结构的优化研究——基于新结构经济学视角》,西南民族大学博士学位论文,2014。

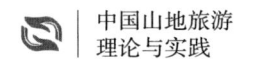

较优势，应着力推动贵州省由传统旅游业向现代旅游业的转型。

三 当前贵州省经济社会发展的宏观红利

从局部范围来看，当前贵州省经济社会要实现跨越式发展，面临的困难确实很大；但从更大范围内来看，当前贵州省经济社会实现跨越式发展又有着前所未有的机遇。把握贵州省经济社会发展的宏观红利，有利于我们保持清醒的头脑，坚定信心，充分发挥贵州省的比较优势，选择适合的动力支撑产业，解决贵州全面深化改革的难题。

（一）扶贫攻坚上升为国家战略

2014年，我国将每年的10月17日设立为"扶贫日"；2015年11月颁布的《中共中央关于制定国民经济和社会发展第十三个五年规划的建议》，将扶贫开发写入其中，突出强调农村扶贫。这表明我国已将扶贫开发上升到国家战略高度；2015年11月29日，中共中央、国务院发布《关于打赢脱贫攻坚战的决定》，正式宣布实施精准扶贫战略，发起新一轮扶贫开发攻坚战，明确提出到2020年将实现现有标准下7000多万贫困人口全部脱贫，贫困县全部摘帽；并且，把扶贫开发提高到"事关全面建成小康社会，事关人民福祉，事关巩固党的执政基础，事关国家长治久安，事关我国国际形象"的高度。为了打赢扶贫攻坚战，国家从多方面给予了前所未有的支持，广泛动员全社会力量，合力推进脱贫攻坚。

当前，我国贫困人口主要集中在中西部欠发达地区。2015年，全国贫困人口超过200万的省（区、市）有13个，低于200万的省（区、市）有13个；已宣布无现行贫困线标准贫困人口的，只有北京、天津、上海、江苏、浙江等5个位于东部地区的发达省（市）。从表1－13中可看到，2015年贫困人口超过200万的13个省（区、市）中，只有河北省位于东部地区，其余12个省份全部位于中西部欠发达地区，其中，贵州省的贫困人口更是居全国首位。

表1－13 2015年贫困人口超过200万的省（区、市）

地区	贫困人口（万人）			贫困发生率（%）		
	2014年	2015年	减少的人数	2014年	2015年	降低的百分点（个）
全 国	7017	5623	1394	7.2	5.8	1.4
贵 州	623	493	130	18	14.0	4.0
云 南	574	471	103	15.5	12.7	2.8
河 南	565	430	135	7	5.3	1.7
广 西	540	452	88	12.6	10.5	2.1
湖 南	532	464	68	9.3	8.1	1.2
四 川	509	381	128	7.3	5.5	1.8
甘 肃	417	307	110	20.1	14.8	5.3
安 徽	371	309	62	6.9	5.7	1.2
陕 西	350	264	86	13	9.8	3.2
河 北	320	299	21	5.6	5.2	0.4
江 西	276	200	76	7.7	5.6	2.1
湖 北	271	384	-113	6.6	9.4	-2.8
陕 西	261	231	38	11.1	9.5	1.6
贵州排名	1	1	2	2	2	2

资料来源：贵州省统计局官方网站。

随着国家扶贫攻坚战略的实施，中西部欠发达地区作为贫困人口的聚集地，得到国家在政策和专项资金上的更多支持，推动中西部地区全面脱贫，为其经济社会发展迈入新的阶段提供保障。

（二）建设美丽中国，迎接社会主义生态文明的来临

党的十八大报告中一大亮点是将生态文明建设提升到五位一体总

体布局的战略高度,并指出大力推进生态文明建设,建设美丽中国,实现中华民族永续发展。建设美丽中国,核心就是要按照生态文明的要求,通过建设资源节约型、环境友好型社会,实现经济繁荣、生态良好、人民幸福;建设美丽中国,承续着"青春中国""可爱中国""新中国""富强民主文明中国""和谐中国"的中国梦。享有良好的生态环境是人民群众的基本权利,是政府应当提供的基本公共服务。建设美丽中国,迎接社会主义生态文明的来临,能最大限度地满足人民群众对生态环境的高品质要求,保障人民群众的生命健康,能体现中国共产党执政为民的理念。[①]

当前,建设美丽中国,走向生态文明新时代,是大势所趋,不可逆转。这是由当前经济发展阶段决定的,也是实现中华民族永续发展的保障。建设美丽中国,实现生态文明,应以把握自然规律、尊重自然为前提,以人与自然、环境与经济、人与社会和谐共生为宗旨,以资源环境承载力为基础,以建立节约环保的空间格局、产业结构、生产方式、生活方式以及增强永续发展能力为着眼点,以建设资源节约型、环境友好型社会为本质要求。

在当前大力推动美丽中国建设,走向生态文明新时代的背景下,贵州具有天然的比较优势。主要体现为:第一,贵州工业化尚处于中级阶段,纯朴天然的自然环境没有受到工业化的过度破坏,生态环境保护较好,为贵州的生态文明建设奠定了基础。第二,贵州的森林覆盖率居全国前列,在生态文明的建设中具有天然的优势。第三,中央对贵州生态文明的建设给予高度的支持。早在2012年国家出台的国发2号文件中,就将贵州批准设立为生态文明先行示范区,并将生态文

[①] 周生贤:《建设美丽中国,走向社会主义生态文明新时代》,《中国环境报》2012年12月3日,第1版。

明贵阳会议上升为国家级国际性论坛。

（三）旅游业已经成为国民经济的战略性支柱产业

战略性支柱产业，指的是在国民经济中发展速度较快，对整个经济起引导和推动作用的先导性产业；在国民经济中，相比于其他产业，战略性支柱产业具有产出高、增长快、带动就业能力强和产业关联度高等特点。一般认为，当某种产业的增加值占 GDP 的 5% 以上，便可称其为战略性支柱产业。

旅游业具有典型的战略性支柱产业的鲜明特征，综合性强，关联性高，拉动作用大，在政治、经济、社会、文化、生态等领域显示出了巨大发展活力，对国民经济与社会发展的贡献和拉动作用日益突出，是国家稳增长、促消费、调结构、惠民生的重要产业。正因为此，2009 年国家明确提出"到 2020 年要将旅游业建设成为国民经济的战略性支柱产业和人民群众更加满意的现代服务业"。经过几年的培育与发展，旅游业已经成长为国民经济的战略性支柱产业。从表 1-14 中可以看到，2015 年我国旅游业增加值占 GDP 总量的 10.51%，旅游产业的直接增加值占 GDP 总量的 7.37%。由此可见，无论是旅游产业的综合贡献占全国 GDP 比重，还是直接贡献占比，均已超过 5%，旅游产业是当之无愧的战略性支柱产业。

表 1-14 2012~2015 年中国旅游业增加值对 GDP 的综合贡献

单位：亿元，%

年份	旅游产业直接增加值	旅游产业间接增加值	旅游产业综合增加值	占 GDP 比重
2012	35107.445	15022.774	50130.219	9.41
2013	41428.378	17861.249	59289.627	10.08
2014	46609.378	19753.124	66362.502	10.43
2015	49888.73	21230.95	71119.68	10.51

资料来源：《2016 年中国旅游发展报告》。

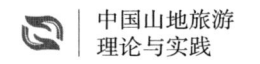

（四）旅游产业成为新常态下中国经济增长的新引擎

我国经济已进入新常态阶段，经济增速正从高速增长转向中高速增长，经济发展方式正从规模速度型的粗放增长转向质量效率型的集约增长，经济结构正从增量扩能为主转向调整存量、做优增量并存的深度调整，经济发展动力正从传统增长点转向新的增长点，发展阶段正在向形态更高级、分工更复杂、结构更合理的阶段演化。然而，面临更加复杂的经济环境以及严峻的宏观经济下行压力，旅游业的表现非常突出，呈现出排浪式、井喷式的逆势增长态势，旅游产业俨然已经成为新常态下中国经济增长的新引擎。在旅游业成为中国经济增长新引擎的背景下，抓旅游就是抓中心工作。

四　现代旅游业切中当前贵州发展的核心难题

通过对贵州经济社会发展面临的核心难题和比较优势的理性分析，鉴于贵州发展面临的宏观红利，有充足的证据表明：推动贵州传统旅游业向现代旅游业转变，大力发展现代旅游业，是实现贵州经济社会发展历史性跨越的必然要求。大力发展现代旅游业，能切中当前贵州发展的核心难题。具体表现在以下几个方面。

（一）现代旅游业是撬动贵州省全面深化改革的杠杆

1. 现代旅游业内部制约更少，推进贵州市场化改革

改革开放之初，我国由计划经济体制转向社会主义市场经济体制的过程中，旅游业发挥了不可替代的作用，推动了改革的全面进程。事实上，那时为打破管理体制铁板一块的现状，我国选择了将旅游业中的酒店业作为突破口，从而为其他领域的改革起到了示范效应。当前贵州全面深化改革,其核心在于让市场在资源配置的过程中起决定性作用,旅游业依然可以作为促进全面深化改革的破冰产业,这是由旅游业市场化程度较高、产业内部制约相对较少的特点决定的。① 正是基于旅游业具有成为全面深化改革破冰产业的共识,国务院出台了一系列推动旅游业改革的政策文件。②

贵州经济社会全面深化改革,应对旅游业在改革中的作用有一个清醒的认识。就实际情况而言,相比于国内其他省份,贵州经济社会面临的改革难题,在于其市场化程度较低。市场化程度低,导致贵州经济社会缺乏活力,体制机制严重固化。因此,当前贵州全面深化改革紧迫的任务在于,如何选定一个具有引领性的优势产业,以撬动贵州省市场化改革,从而充分发挥基层,特别是地县改革的积极性和创造力,打破现有体制机制约束,启动深化改革的航船。现代旅游业与传统旅游业相比,内部制约更少;大力发展现代旅游业,能推进贵州市场化改革。

2. 现代旅游业开放度更高,推动贵州形成开放发展的大格局

改革开放,是当前中国最鲜明的特色。进一步推动改革开放,是中国经济发展的必然要求,而中西部和沿边地区,由于区位所限,相比于东部沿海地区,开放度还不够。如何开创对外开放的新格局,是中西部和沿边地区当前不得不面临的一个现实难题。旅游业是天生的开放行业,能助力中西部和沿边地区进一步扩大对外开放。事实上,旅游外交已经从外交边缘走向外交中心,为增进国家间关系和民间交

---

① 戴学锋:《旅游应成为带动全面深化改革的重要产业》,《中国旅游报》2016 年 8 月 1 日,第 8 版。
② 比如,《关于促进旅游业改革发展的若干意见》(国发〔2014〕31 号文)、《关于进一步促进旅游投资和消费的若干意见》(国办发〔2015〕62 号文)和《关于支持旅游业发展用地政策的意见》(国土资规〔2015〕10 号文)等。

流做出了积极贡献，已经成为中国大外交时代的重要组成部分。

贵州省地处西部内陆欠发达地区，对外开放度不足，已成为制约贵州经济社会发展的一大阻力。现代旅游业比传统旅游业，具有更高的开放度。大力发展现代旅游业，不仅能为贵州开放增添动力，还能为改革增添活力，架接起与国外和国内其他省份合作沟通的桥梁，推动贵州形成开放发展的大格局。

3. 现代旅游业关联性更高，带动贵州体制机制综合改革

旅游业是关联性极强的产业，相关研究表明，旅游业与110个行业相关联，尤其是现代旅游业与其他行业的横向和纵向联系更加紧密，① 尤其是现代旅游业，关联度更高；大力发展现代旅游业，能带动贵州体制机制综合改革。现代旅游业要发展，应创造良好的制度环境，打破各个管理部门的部门利益，协同推进，最大限度地增强旅游综合协调能力。通过政策大力支持现代旅游的发展，各个部门出于各自的利益考虑，会自发与其他相关部门相互协作，在某种程度上倒逼各个部门改革，从而打破贵州经济社会体制机制固化的僵局，激发经济发展的活力，为贵州经济社会发展带来充分的动力。

4. 现代旅游业融合度更强，拉动贵州相关产业提质增效

旅游是综合性产业，是拉动经济发展的重要动力，具有日益增长的拉动力、整合力和提升力，在拓展自身发展空间的同时，与相关行业和领域融合发展，催生新业态，优化提升相关行业和领域价值。② 现代旅游业与传统旅游业相比，融合度更强。大力发展现代旅游业，不仅能促进旅游业的转型升级，还能推动其他相关产业提质增效，提

---

① 徐金海、王俊：《"互联网＋"时代的旅游产业融合研究》，《财经问题研究》2016年第3期，第123~129页。
② 李金早：《开明开放开拓，迎接中国"旅游＋"新时代》，《中国旅游报》2015年8月21日，第1版。

高人们的生活品质。

尤其对于地处西部欠发达地区的贵州，大力发展现代旅游业，具有重大的现实意义。推动现代旅游业与农业相融合，发展乡村旅游、休闲农业等现代农业新形态，助推贵州实现农业现代化；推动现代旅游业与工业相融合，发展旅游装备制造业，户外用品、特色旅游商品制造业，发展工业旅游，创新企业文化建设和销售方式新形态，助推贵州走出一条新型工业化的道路；推动现代旅游业与其他服务业相融合，融入创意元素，发展文化创意产业，推动贵州服务业迈向高级化。

（二）现代旅游业是贵州"五大新兴产业"联动发展的黏合剂

当前，贵州为了推动经济社会跨越式发展，提出了大力发展五大新兴产业。这种产业发展的思路是正确的，但这远远不够，还应在大力鼓励支持发展"五大新兴产业"的同时，特别注重发展现代旅游业，将现代旅游业作为贵州省未来经济社会发展实现历史性跨越的动力支撑产业。现代旅游业的特性，决定了其可以成为贵州省"五大新兴产业"联动发展的黏合剂。

大力发展现代旅游业，可以极大地促进"五大新兴产业"联动发展，形成现代产业体系，打造产业高地。现代旅游业以高新科技为支撑、知识经济为依托，可为电子信息产业的发展提供广阔的市场，电子信息产业的发展反过来又可以促进贵州省旅游信息化的建设；发展现代旅游中的医疗、养生和山地旅游，又能带动医疗养生产业和现代山地高效农业的发展；现代旅游业更加注重创意元素，更能体现文化特色，大力发展现代旅游，更能彰显贵州以民族和山地为特色的文化，极大地促进文化旅游业的发展；现代旅游更加注重保护自然环境，实现旅游的可持续发展，大力发展现代旅游，可以引导人们树立节能低碳环保的意识，为新型建筑建材业的发展扫清观念上的障碍，促进其快速健康发展。

（三）现代旅游业是实现贵州全面脱贫的重要抓手

1. 旅游扶贫是脱贫攻坚的有效手段

党的十八届五中全会提出，我国要在 2020 年消除绝对贫困，实现贫困人口全部脱贫，贫困县全部摘帽。习近平总书记指出，"没有贫困地区的小康，没有贫困人口的脱贫，就没有全面建成小康社会"。虽然过去我国扶贫工作取得了重大的成绩，成功地使 6 亿多人摆脱了贫困，对全球减贫贡献率达到 70% 以上，但如今的脱贫工作异常严峻，眼下扶贫面对的是"最后一群人"，也就是那些底子最薄、条件最差、难度最大的"硬骨头"。能否帮助这"最后一群人"顺利实现脱贫，从某种程度上决定了我国能否顺利建成全面小康社会。

与其他扶贫方式相比，旅游扶贫以其强大的市场优势、新兴的产业活力、强劲的造血功能、巨大的带动作用，在我国扶贫开发中发挥着日益显著的作用。[1] 旅游扶贫，不仅能够留住乡愁，还能拔掉穷根。无论是从理论层面，还是从实践层面，都表明旅游扶贫是扶贫攻坚的有效手段。就旅游业性质而言，旅游业是劳动密集型行业，一些落后地区发展旅游业，不仅可以增加就业，还能促进经济发展，增加居民的收入；并且，当其他经济活动受到制约或面临衰退的时候，旅游业往往能领跑宏观经济的发展，为人们提供各种工作机会和创业机会。与以往的交通扶贫、教育扶贫、项目扶贫不同，旅游业的性质决定了旅游扶贫的目标明确、项目清晰、脱贫见效快、受益面广、受益期长；从具体取得的成效来看，根据国家旅游局公布的数据，2011～2014

---

[1] 刘思敏：《因事施策因地制宜》，《旅游扶贫大有可为》2015 年 11 月 27 日，第 4 版。

年，超过1000万人通过发展旅游业实现了脱贫的目标，约占摆脱贫困人口的10%。旅游扶贫的效果得到政府的充分认可，有鉴于此，我国提出在"十三五"期间，要通过发展旅游业，让17%的中国贫困人口摆脱贫困。

2. 旅游扶贫已在贵州取得显著成效

"十二五"期间，贵州省聚焦"两有户、两因户、两无户、两缺户"，坚持"六个精准""六个到村到户""四到县"，制定实施"33668"脱贫攻坚行动计划，出台落实大扶贫战略行动意见和"1+10"等政策文件，投入财政扶贫资金305亿元，扶贫攻坚取得重大成效，35个贫困县、744个贫困乡镇摘帽，贫困发生率下降到14.3%。事实上，旅游扶贫在贵州扶贫攻坚中发挥着重要的作用。贵州贫困地区由于自然、历史等诸方面原因，经济和文化都相对落后，也正因为此，当地大多保存了原始、奇秀的自然景观和古朴的民族风情；并且贵州省出台了一系列支持旅游扶贫的政策措施，依托这些利好，贵州旅游扶贫已经取得显著的成效。仅在"十一五"期间就有42万贫困人口通过乡村旅游实现脱贫或致富。

（四）现代旅游业是发挥贵州比较优势的有效载体

过去几十年来，虽然我国经济实现了高速增长，但对生态环境造成了严重的破坏。因此，党的十八大报告首次将生态文明建设摆在"五位一体"的战略高度，建设美丽中国，迎接社会主义生态文明。由于地理区位不佳和观念落后等因素，贵州经济极为落后，虽然工业化水平不高，但贵州却保留了优美的自然风光，生态环境没有受到大的破坏。在当前建设生态文明的过程中，与其他省份相比，贵州原生态的生态环境，是其最大的比较优势。如果贵州在经济社会发展的同时，还能维持甚至改善其生态环境，贵州生态文明时代的到来便会加快，实现贵州经济社会发展的历史性跨越；但如果在经济社会发展中，贵州生态环境遭到破坏，因其地处山区，就很难恢复，丧失了比较优势，贵州便难以摆脱贫困和落后的现实。为了帮助贵州摆脱贫困，从实际情况出发，国家将贵州批准设立为生态文明先行示范区。

因此，大力发展现代旅游业，是发挥贵州比较优势的有效载体，能确保贵州建成生态文明先行示范区。与传统旅游业相比，现代旅游业更注重对自然生态环境的保护、培育和优化，主张开发绿色产品、推广绿色经营、提倡绿色消费、开展绿色宣传，提高旅游管理者、经营者、旅游者和旅游目的地居民的环境意识、生态意识和绿色旅游意识，建立绿色旅游管理体制，使旅游业努力成为资源节约型、环境友好型产业；[1] 符合建设美丽中国、迎接生态文明新时代的要求。

五 促进贵州省现代旅游业发展的政策建议

现代旅游业，是撬动贵州全面社会改革的杠杆，是贵州"五大新兴产业"联运发展的黏合剂，是实现贵州全面脱贫的重要抓手，是发挥贵州比较优势的有效载体。因此，应采取相关政策措施，大力发展现代旅游业，实现旅游业转型升级。

（一）深化旅游体制改革是前提

传统旅游业向现代旅游业的转型，自身也面临着体制的束缚，主要表现为旅游管理体制不健全、旅游用地制度的制约等。因此，贵州

---

[1] 王兴斌：《关于现代旅游业若干特征的探讨》，《中国旅游报》2007年5月16日，第13版。

大力发展现代旅游业,深化旅游体制改革是前提,其着力点体现在两个方面:其一,推动由政府主导旅游行业的管理,向多元化主体协同治理的转变,让不同的利益相关者都能共享旅游发展带来的成果,形成旅游命运共同体,从而增强旅游综合协调能力;其二,加快落实旅游用地政策,在旅游用地上给予旅游新业态充分的支持,比如在旅游用地上给予现代山地旅游以支持。

(二)选择发展模式是关键

从国内外发展实践来看,现代旅游业有着不同的发展模式,形态多样,各有千秋,适合自身发展优势与文化特色的模式,才是成功的模式;后发旅游地区绝不能片面模仿,无视自身的优势与文化特色,而应从自身的实际出发,选择适合自身的发展模式。因此,贵州要大力发展现代旅游业,选择发展模式是关键。从贵州的实际出发,应选择"精特小"的现代旅游业发展模式。其一,贵州最大的文化特色是"文化千岛"[①],"精特小"的发展模式能充分彰显贵州丰富和多彩的文化。其二,"精小特"的发展模式要成功,不能单靠政府全力推动,而应由市场机制来激发基层的创新与活力,助力贵州全面深化改革。

(三)推进旅游信息化是保障

现代旅游业的兴起与第三次产业革命密切相关,其显著的特征是以高新科技为支撑,以知识经济为依托。尤其是在"互联网+"时代,推进旅游信息化建设是发展现代旅游的保障。[②] 对此,可供贵州

---

① 在此处,"文化千岛"是指每一种文化都似乎代表贵州,但又不能全面代表;贵州是多民族、多文化汇合交流之地,文化内涵具有丰富性和多彩性。
② 徐金海、夏杰长:《以供给侧改革思维推进中国旅游产品体系建设》,《河北学刊》2016年第3期,第129~133页。

采取的措施有：其一，大力实施"旅游+互联网"战略，全面提升旅游信息化水平；其二，构建旅游大数据，对接贵州大数据战略；其三，培养旅游信息化专业技术人才；其四，大力开拓云计算、VR（虚拟现实）、物联网、可穿戴设备和人工智能等先进技术在现代旅游中的应用空间。

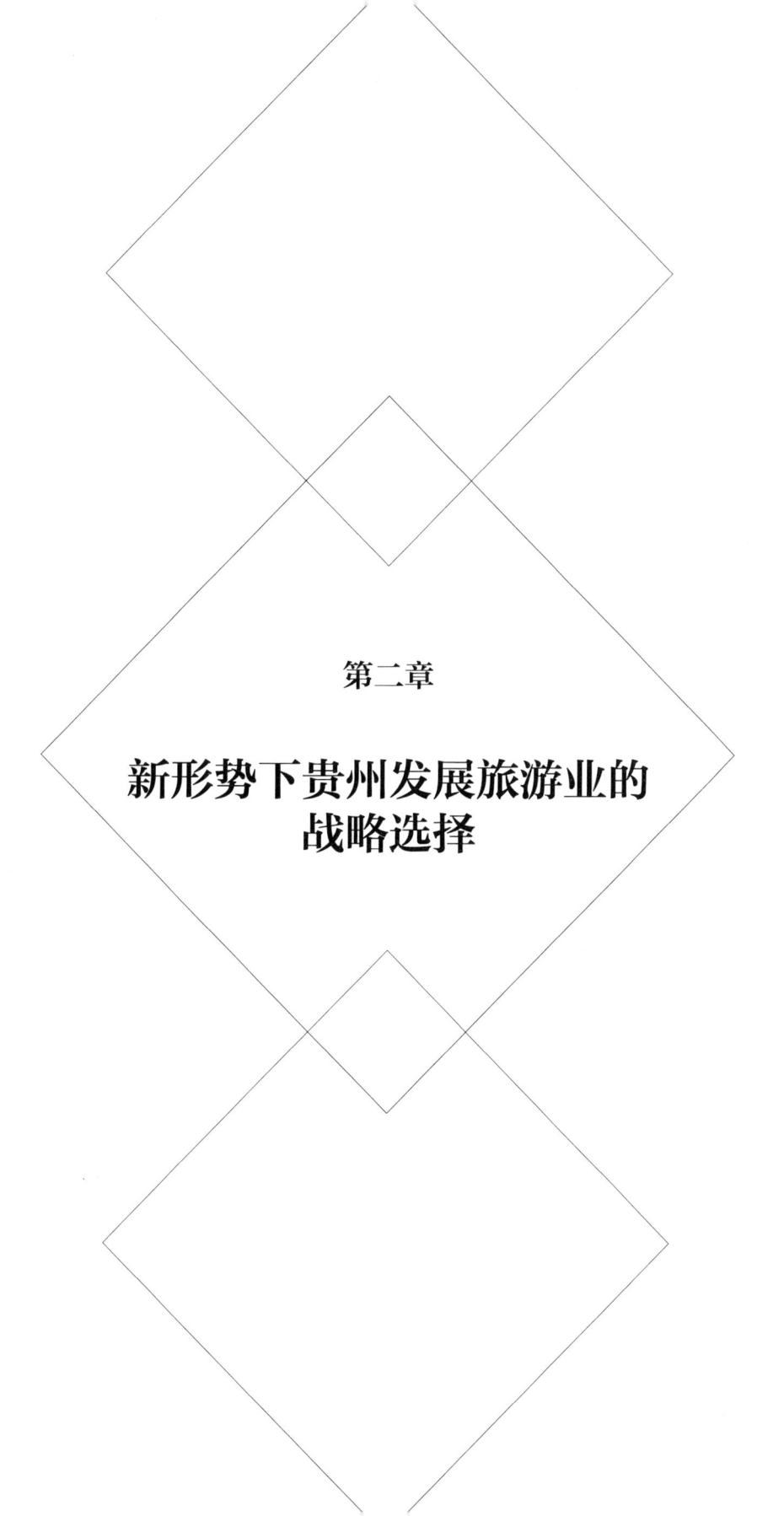

第二章

新形势下贵州发展旅游业的战略选择

一　贵州旅游资源分析

贵州自然景观、气候资源、历史文化、民族文化、红色旅游资源丰富，神秘绚丽的自然风光、宜人舒适的气候、厚重悠久的历史文化、浓郁质朴的民族风情交相辉映、融为一体，共同构成了"多彩贵州"的美丽画卷，造就了"文化千岛"的珍贵样本，营造了"贵山、贵水迎贵客"的喜庆场景。截至 2016 年 8 月，贵州省在第一阶段的旅游资源普查中共普查旅游资源（单体）4 万多个，其中，新发现的旅游资源占50%左右，如一批特色小镇、历史文化古寨、生态园区、民族村落等。

（一）自然旅游资源

1. 丰富多样

贵州 92.5%的国土面积为山地和丘陵，是名副其实的"山的王国"，被誉为"山地公园省"，在整个地势西北高东北低的贵州大地上，崇山峻岭、溪川深谷、森林流瀑随处可见。广袤和多样的山地不仅造就了贵州山地旅游资源的高度密集，而且成就了贵州山地旅游资源的丰富多样。贵州省自然旅游资源丰富多彩，在世界目前已开发的山地、洞穴、湖泊、瀑布、海洋、草原等 15 种主要自然旅游资源中，贵州就占了 10 种，其数量、类型之多，为全国罕见。唐代诗人孟郊盛赞贵州："旧说天下山，半在黔中青。又闻天下泉，半落黔中鸣。"万峰成林、苍山如海、河道纵横、溶岩飞瀑，大自然的鬼斧神工造就了贵州水鸣如琴、别有洞天、青山如屏的山形水貌。横向上看，中国是多山之国，山地占全国面积的33%。中国山地旅游资源十分丰富，山地型自然文化遗产地、山地型国家风景名胜区、山地型5A级景区均超过同类总数的50%。而贵州可谓"山的王国"，92.5%为山地和丘陵，四个5A级景区全与山地有关。

此外，贵州位于典型的亚热带湿润季风气候区，气候温暖湿润，大部分地区年平均气温大约在15摄氏度，冬无严寒、夏无酷暑，四季皆宜旅游。特别是夏季气候凉爽，已成为国内主要的避暑地之一。

截至"十二五"期末，贵州省创建A级旅游景区132家，其中国家5A级旅游景区4家，4A级旅游景区61家；世界自然遗产3个；国家生态旅游示范区4个，国家级风景名胜区18个，国家级自然保护区10个，国家森林公园25个，世界地质公园1个，国家地质公园9个，国家矿山地质公园1个，国家湿地公园36个，国家级水利风景区26个，中国优秀旅游城市7个。织金洞地质公园填补了贵州省世界地质公园的空白。

2. 组合度好

贵州自然风光以真山、真水、溶洞、森林为特色，山水洞林融为一体，珠联璧合，相映成趣，形成了独特的旅游风光资源。[①] 贵州山地旅游资源在分布空间上、构成类别上以及开发方式上都表现出明显的地域分布相对集中的特征，自然旅游资源组合得体，有助于旅游资源开发利用；自然旅游资源丰富多样，各具特色的自然景观在不同类型上的组合、地域空间上的组合，加之贵州宜人的气候和质量较高的生态环境，使黔贵之地具备开发以回归自然为主题的休闲度假、康体养生、科考探险等生态旅游的良好基础，为开展多种形式旅游组合、加深旅游资源的深度开发、丰富旅游产品形态、提高旅游消费品位奠定了坚实的基础。

---

① 贵州省地方志编纂委员会：《贵州省志·旅游志》，贵州人民出版社，2009，第2页。

3. 第二阶梯特征明显

贵州地处云贵高原东部，地势西高东低，最高点2901米（赫章韭菜坪），最低点148米（黎平水口河），平均海拔1100米左右。从地理阶梯划分来看，贵州省地处我国第二阶梯。大的地理构造，造就了贵州山水资源"秀"的内质，正如明代思想家王阳明感叹："天下山水秀聚于黔中。""秀"意味着贵州的山地旅游资源更多的是藏于闺中，而鲜有蜚声海内外的名山大川。贵州虽然是"山的王国"，有着"山地公园省"的美誉，处处可以开门见山，但贵州就山的体量和知名度来看，有着体量小、名气相对不大的特点。贵州省境内主要有大娄山脉、乌蒙山脉、武陵山脉、老王山脉和苗岭山脉，主要山体有梵净山、雷公山等。其中，梵净山被称为贵州第一山，海拔2493米，虽是贵州第一山，但与五岳相比相差甚远；虽是佛教名山，但就知晓度而言无法与四大佛教名山相比拟。目前，贵州主打的"一棵树、一个洞、一杯酒"三大名片中，一棵树——黄果树瀑布、一个洞——织金洞、一杯酒——茅台酒。第二阶梯的地理结构，成就贵州景观的"秀"（山体、山形），"秀"的特质也进一步印证了贵州山地旅游资源的丰富和组合度好，体现了贵州处处皆是景。

（二）文化旅游资源

1. 多彩贵州

贵州是中国古代人类的发现地和中国古代文化的发源地之一，有着从未中断的人类文明和多元多彩的民族文化（多彩贵州）。早在二十多万年前，就有人类活动在贵州这块土地上，并创造了悠久的史前文化。境内考古发现有"观音洞人""桐梓人""水城人""兴义人""大洞人""猫猫洞人""桃花洞人"等。贵州省发现的石器时代遗址就达八十余处。贵州历史文化源远流长，在茫茫的历史海洋中，形成了贵州独具特色的历史文化资源，主要的有夜郎文化、阳明文化、屯堡文化、沙滩文化、土司文化等。20世纪30年代，红军长征途中在贵州留下了大量的革命红色文化历史遗迹，形成了宝贵的红色文化旅游资源。除此之外，贵州人民世世代代的辛勤劳动和集体智慧创造了特色鲜明的酒文化、茶文化、饮食文化等。

贵州民族众多，为全国八个民族省区之一，有49个民族，世居民族有：汉族、苗族、布依族、侗族、土家族、彝族、仡佬族、水族、白族、回族、壮族、蒙古族、畲族、瑶族、毛南族、仫佬族、满族、羌族18个民族。贵州总人口3475万，少数民族人口占全省总人口的39%，是一个以汉族为主体，少数民族众多的移民大省。贵州是苗族、布依族、侗族、水族、仡佬族人口主要分布地。各民族在共同的生产生活中，创造了丰富多彩的民族文化，共同形成了"大杂居、小聚集"的多元文化格局。贵州素有"民族文化百花园"之美誉，全省全年民族集会、节庆多达1000余次，有代表性的主要有台江苗族姊妹节、布依族查白歌节、贵阳苗族四月八、三都水族端节、凯里芦笙节等。贵州有着特色鲜明的民族歌舞，苗族飞歌、侗族大歌、铜鼓舞、芦笙舞等蜚声海内外。

目前，贵州省有世界文化遗产地1个，人类非物质文化遗产代表作名录1项，国家历史文化名城2个，中国历史文化名城（镇、村）25个，已经入选国家非物质文化遗产109处、省级非物质文化遗产665处。贵州拥有中国戏剧活化石之称的"地戏、傩戏"等。

2. 文化千岛

贵州各族人民和睦相处，创造了"从未断裂的人类文明奇迹"，保存着丰富多彩的"活的文化遗产"，贵州山水间隐藏着五万多个风格各异的村寨和古镇，整合多姿多彩的山地文化风景，被誉为"文化千岛"。贵州范围内，地势自西北向东南倾斜，每一地区内高山深谷落差都比较大，形成各地在同一时间、同一季节内东南和西北、山下和山上的温度差异较大。山地多、洞穴多和温润的自然环境，多民族的长期交往、融合的社会历史背景，造就了贵州文化多元的特色和厚重的底蕴，贵州民族成分有 49 个，其中 18 个为世居民族，他们都有自己悠久的历史和灿烂的文化，千百年来，因山水相隔，交通闭塞，各种民族文化得以积淀和保存，各民族大杂居小集聚的分布格局以及与外界联系的加强促进了民族文化的传播和发展（变异）。贵州大地上同一民族人民因生活在不同独立的地理单元而衍生出特色各异、多彩多样的文化，而生活在同一地理单元的不同民族因生产生活的相互交融、民族文化的相互涵化又形成新的文化，并一代一代保留和传承下来，造就了"一山不同族、五里不同俗、十里不同风"的文化风貌，是中国文化中的珍贵样本，世界文化宝库中的珍贵遗产，贵州入选（列入）中国少数民族特色村寨名录和中国传统村落保护名录的数量分别为 62 个和 426 个，分别位居全国一、二位，被誉为世界上最大的"民族生态博物馆"。[1] 以苗族为例，贵州省境内苗族总人口近 400 万，占全国苗族总人口 50% 左右，分布于贵州省 86 个县（市、区），占贵州 88 个县（市、区）的 97.73%，除黔东南、松桃相对集中聚居外，贵州中西部的苗族多分散居住，并且居住在高山和几县接壤的偏僻地区，与其他民族杂居相处，[2] 形成了不同的风俗习惯，即便是同样一个节日，由于地域不同，其名称、时间、内容也会有所差异。并且在民族杂居相处的过程中，不同民族形成共同的节日，如苗族、侗

---

[1] 省旅游局副局长余泠在"山地公园·多彩贵州"旅游品牌媒体分享会上的致辞，http://www.gztour.gov.cn/zhengwugongkai/jigougaikuang/lingdaojianghua/2015-11-20/6092.html，2016 年 10 月 10 日。

[2] 贵州省地方志编纂委员会：《贵州省志·民族志》（上册），贵州民族出版社，1999，第 19 页。

族、布依族和彝族都有过三月三的传统。又以安顺屯堡为例，在这里您可以找到600多年前的汉族风俗和明代遗风，在几百年的生产生活中征南大军和随军家属自身文化与当地文化相互融合，不断地发展演变，形成了今天独具特色的屯堡文化。在贵州大地上，正年复一年举办着长盛不衰的火把节、跳花节、姊妹节等民族节庆活动，日复一日上演着绚丽多姿的布依族八音坐唱、侗族大歌、苗族飞歌等民族歌舞，有形形色色、各具特色的风雨桥、吊脚楼、鼓楼等民族建筑，有传诵千年的亚鲁王、仰阿莎等民族史诗，无一不向世人展现着贵州山地文明的厚重与淳朴。随着现代化建设步伐的加快，贵州融现代文明于贵山贵水间，努力构建美丽乡村镶嵌山间、山地城镇依山就势、山地产业各具特色的大发展格局，绘就处处皆景的美丽画卷。

（三）社会旅游资源

1. 小散化

贵州社会旅游资源主要涵盖生产生活活动（比如高校旅游、工农业旅游等）、社会公共服务设施（比如道路桥梁、公共交通、医院、集贸市场、科技文化馆等）、环境（特色街区、特色社区等）、旅游节庆会展等内容。在广袤的贵州大地上，散落着各式各样的特色村寨、历史文化古镇、工业历史遗产：有闻名中外的西江千户苗寨、肇兴侗寨、惠水好花红布依寨、江口云舍土家村寨、三都"万户水寨"、务川龙潭仡佬寨、安顺鲍家屯与云峰八寨、月亮河村、六枝牛角村、水城海坪村、威宁板底彝寨、盘县舍烹村等特色村寨；有历史文化底蕴深厚的遵义海龙囤世界文化遗产、青岩古镇、镇远历史文化名城、石阡汤山古镇、安顺旧州古镇、麻江下司古镇、黄平旧州古镇、赤水丙安与大同古镇、锦屏隆里古城、织金古城、习水土城古镇、平坝天龙古镇、福泉古城等历史文化古镇；有"三线"企业旧址、袁锦道工业文化遗址、清溪铁厂、万山汞矿遗址等工业历史遗产。

依托遍布全省的社会旅游资源，贵州积极推出"旅游+文化""旅游+工业""旅游+城镇""旅游+乡村""旅游+农业""旅游+商贸"等发展模式，加大社会旅游资源开发力度，在全省范围内推出了一系列各具特色的农旅融合、文旅融合、工旅融合、商旅融合的精品典范。比如打造出"酒博之旅"品牌——"黄果树·茅台酱香之旅"[①]；培育出多彩贵州文化创意产业园、茅台国酒文化旅游区、贵阳阳明文化产业园、中国（遵义）长征文化博览园等文化产业创业基地；建成一批差异化发展，集观光、休闲、度假、养生、购物、文化体验等功能于一体的国际性专业旅游城市、旅游小镇和具有国际影响力的旅游村寨集群；高标准规划建设了一批高等级旅游公路（包括赤水—仁怀赤水河谷旅游公路）；成功组织举办了生态文明贵阳国际论坛、中国—东盟教育交流周、国际山地旅游大会、数博会、茶博会、酒博会、民博会、旅游发展大会等一系列重大开放活动，各地还举办"中国美丽乡村·万峰林峰会"、"屯堡文化汇"、六盘水首届郁金香旅游节、"美丽梵净山·铜仁过大年"等各种主题文化旅游活动、会展、赛事，形成了"季季有主题·月月有活动·日日有声音"的良好氛围。

2. 山地文明社会特征突出

贵州山地之美，不仅在于贵州是"山的王国"，有着"王"者的风范，不仅在于山的密集和丰富多样，更在于这片山地特有的生态与人类文明。迄今为止贵州山地上的许多传统仪式和文化符号依然保存，这里是储存少数民族先民文化原型和神话传说的宝库。它们记录了文化拥有者过去的历史和生活，成为特定山区居民的精神和信仰的

---

① 《贵州开启"大数据+旅游+工业"新时代》，http://news.ifeng.com/a/20160911/49952653_0.shtml，2016年10月13日。

基础，同时也规定了他们的行为、思想和社会组织形式，成为贵州山地上独特的文明形态。

贵州经济社会发展与山息息相关，山地文明社会特征突出。正如斯图尔德所说："较简单的文化比发达的文化更直接地受环境制约。"① 在长期的历史发展过程中，大山制约着贵州各族人民的生产生存方式，但山地环境也孕育和发展了贵州独特的山地文化，贵州人形成了有别于周边地区人们的思维模式、性格特点和生活方式。复杂的山地自然环境，催生了贵州独特的立体农业发展模式。各民族适应自然环境，形成了靠山吃山、靠水吃水独特的生产生活方式。在贵州，耕地通常可分为水田（田）、旱地（土），并且不同条件的田土又有不同，如《黔南识略》将田分为"上、中、下三则"，又有"滥田"、"水车田"、"堰田"、"冷水田"、"塘田"、"井田"、"干田"（望天田）、"梯子田"、"腰带田"。田土所属类别不同耕作方式、种植作物亦不相同，如田适合种植水稻，并且上中下田也有区别："上田适合晚稻、中田适合早稻、下田适合旱稻"；旱地（土）则适合种植苞谷、黄豆、马铃薯、魔芋、小麦等。在贵州，大到住房、小到个人穿戴，都与人们所处的山地环境息息相关，如侗族民居因其生活的山地环境不同而分为沿江河畔或陡坡陡坎民居、山区民居、山谷平地民居，山区多"干栏"楼房等。此外，贵州各地的饮食、穿戴等也与当地的山地环境密切相关。从人口社会结构来看，贵州具有明显的山地二元人口结构。经济决定意识，山地经济使贵州人民的文化、性格具有显著的二重性。恶劣的自然环境造就了贵州人吃苦耐劳、任劳任怨、个性倔强、朴实无华的品格；同时，长期低下的生产力水平，使他们不善于算计、市场意识淡薄、满足于现状、重土少迁、乡土观念极重。贵州各族人民形成了大杂居、小聚居的社会环境。

---

① 冯利、覃光广：《当代国外文化学研究》，中央民族学院出版社，1986，第12页。

由于贵州山地遍布，平坝较少，土地资源有限，贵州各族人民居住较为分散，通常是以家族为单位，聚族而居，形成一个村寨几户或几十户人家相互依存的以血缘关系为纽带的家族集团。

贵州山地文明是贵州文明最重要和最具特色的部分。在新时期，贵州省委、省政府牢牢把握贵州山地文明特征，把"山"深深烙进贵州经济社会发展各个方面，与时俱进提出了与"山地资源"密切相关的五大新兴产业，即大数据产业、大健康产业、现代山地高效农业、文化旅游产业、新型建筑建材产业。纵观贵州旅游发展历程，贵州旅游发展起于山、兴于山。早在 1985 年贵州省第一次旅游会议上，贵州就确定重点建设好黄果树、织金洞景区。多年以来，贵州旅游产业的发展始终从自身山地资源优势出发，"唱山歌、走山路""念好山字经"，认真做好山地旅游这篇大文章；紧紧围绕山地旅游发展狠抓产业项目建设，相继推出了一批观光、度假、登山、养生、探险、宗教、山地生态教育等山地旅游产品；紧紧围绕山地旅游发展，狠抓公共服务提升，加快推进山地旅游服务中心、景区道路、旅游厕所建设，切实做好信息发布、应急救援工作；紧紧围绕山地旅游发展，狠抓乡村旅游，推出一批"小而富、小而特、小而美"的旅游村寨和旅游乡镇。紧紧围绕山地旅游开发，强化区域合作；紧紧围绕山地旅游发展，深化旅游管理体制改革，在综合推进产品建设、综合开展执法检查、综合保障旅游安全、综合开展宣传推广及综合培养旅游人才上形成有效的联动工作机制。

二 贵州旅游业的客观限制

（一）地理限制

1. 自然地理限制

贵州所处的自然地理环境，一方面构造出贵州真山真水、景致浑然天成的自然风貌，造就出黄果树大瀑布、安顺龙宫、织金洞、威宁草海等风景名胜以及梵净山、雷公山、阔叶林带等自然保护区，成就了"山地公园省·多彩贵州风"；另一方面，复杂的地质地貌也为贵州旅游业的发展带来了多方的限制。贵州喀斯特地貌占到贵州土地面积的78%，因此，贵州是我国石漠化程度最深、面积最大的省份。贵州"地无三尺平"的地貌特征，多山、多河谷、多溶洞，自然环境恶劣，使贵州旅游开发建设成本高企，也增加游客旅游成本。贵州高速公路建设不是架桥就是打隧道，平均每公里造价超过1亿元。由于目前贵州高速公路收费依然以桥洞比例为主要收费依据，因此，贵州省高速公路收费标准在全国排在前列。以贵州高速公路集团公布的七座及以下小型客车2014年新增高速公路收费标准为例，最低的为0.5元/公里，最高的为0.8元/公里。① 贵州境内高铁建设也如此，以沪昆高铁贵州西段为例，沪昆高铁贵州西段全长281公里，所经过之处为典型的喀斯特地质地貌，自然环境险恶，桥隧长度占到全长的84.5%，其中：桥梁135座62.723公里，占22.3%；隧道93座171.846公里，占61.2%；涵洞202座。② 此外，复杂的地质地貌、恶劣的自然环境和脆弱的生态环境，也限制了部分旅游项目的建设和部分旅游活动的开展，并给贵州省山地旅游发展带来潜在的风险。

2. 空间地理限制

贵州地处西南腹地，既不沿江，又不沿海，也不沿边，远离国内主要旅游客源市场。从国内市场来看，我国传统的旅游客源市场主要集中于环渤海京津冀、长江三角洲和珠江三角洲地区。贵州省距离环渤海京

---

① 王芳：《贵州公布新开通高速收费标准 多数每公里5毛》，http://www.chinahighway.com/news/2015/918721.php，2016年9月20日。
② 《发现并消除沪昆高铁贵州西段建设缺陷3000余项》，http://epaper.gywb.cn/gyrb/html/2016-08/27/content_482401.htm，2016年9月10日。

津冀、长三角、珠三角地区的中心城市北京、上海、广州按高铁里程计算大约分别为 2082 公里、1714 公里、857 公里,按目前开行的高铁最快大约分别需要 8 小时 44 分、8 小时 57 分、4 小时 11 分。[①] 就国际市场来看,贵阳为我国内陆省份,也远离我国主要的国际客源市场,并且出入境口岸少。一般而言,旅游资源吸引力会随着距离(经济距离)增加而衰减。从贵州旅游客源市场结构来看,2015 年入黔游客排在前三位的分别是重庆、四川、云南,环渤海京津冀、长三角和珠三角三个地区入黔游客仅占入黔游客总量的 1/3,分别为 9.5%、10.2% 和 8.8%。[②] 贵州虽然被《纽约时报》列为世界 52 个必到的旅游胜地之一,但贵州海外游客接待量却与其名气远不相称。2015 年贵州接待入境游客(入境过夜)仅为 94.09 万人次,旅游外汇收入 2.01 亿美元,在周边省份中排在末位,分别只占云南(570.08 万人次,不含口岸入境一日游游客)和 28.76 亿美元的 16.50% 和 6.99%(见表 2-1)。

表 2-1　2015 年贵州及周边省份入境旅游人数与旅游外汇收入

项　　　目	贵　州	云　南	广　西	重　庆	四　川	湖　南
入境旅游人数(万人次)	94.09	570.08	450.06	282.53	273.2	226.1
旅游外汇收入(亿美元)	2.01	28.76	19.17	14.69	11.8	8.6

资料来源:各省份 2015 年国民经济和社会发展统计公报;《2015 年云南省旅游经济运行情况综述》,http://www.ynta.gov.cn/Item/25059.aspx,2016 年 9 月 24 日。

(二)硬件制约

旅游业发展条件不是孤立存在,其与区域交通、城镇、乡村等社会、经济发展条件及环境密切相关。"十二五"期间,贵州省大交通、中心城市等建设突飞猛进,为旅游业的发展提供了良好的基础,但从

[①] 根据中国铁路总公司 12306 客服网络 2016 年 10 月 25 日车次统计。
[②] 《关于贵州省入黔旅游统计情况的报告》,http://www.gztour.gov.cn/xinxigongkai/zhuanlan/gongkaimulu/tongjixinxi/2016-03-01/7769.html,2016 年 9 月 21 日。

中、微观层面来看，特别是旅游目的地、景区等交通条件仍较为落后，城乡旅游服务设施水平整体较低，旅游信息化设施建设严重滞后，与贵州旅游业"井喷式"发展的总体要求差距甚远。

1. 交通制约

（1）大交通制约

贵州省国际航班主要集中在贵阳龙洞堡国际机场，目前贵阳龙洞堡国际机场开通了日本（大阪、关西、名古屋）、韩国（首尔、仁川、釜山）、泰国（曼谷、普吉岛、米甲）、中国香港、澳门、台湾（台北桃园）等地的航线，① 国际通航地和航班数均少于周边省份。"十二五"期间，贵州出省通道建设取得了巨大成就，但依然需要进一步提高。"十二五"期末，贵州省实现了县县通高速，但内部交通网建设尚未完成，县与县之间依然存在一些断头高速路。

（2）目的地交通制约

目前，贵州旅游交通"最后一公里"和"毛细血管"尚未完全打通或连通，串点成线、连线成片的交通体系尚未建成，区内旅游景区与周边的旅游中转城市之间亦缺少快捷的直达班车，游客进出不便，制约着景区开发和客源腹地的拓展。中心城市、干线公路、航空机场到重点山地旅游景区的旅游公路，主要景区内部的交通体系，如步道、行车道、索道、轻轨、小火车、观光电梯等设施还不完善，公共交通布局与旅游发展格局尚不匹配，山地旅游通达性、便捷性、舒适性仍需加快提升。

2. 信息化设施制约

虽然，贵州大数据产业发展如火如荼，但是贵州智慧旅游云的建设依然滞后，旅游信息化程度依然较低，"互联网+旅游"比较薄弱，

---

① 资料来源于贵州省机场集团有限责任公司官方网站航班信息。

还需要大力建设。信息基础设施还不够完备，景区以及机场、车站、旅游集散中心、游客服务中心、乡村旅游扶贫示范村等重点涉旅场所还没有实现 WiFi 全覆盖，目的地综合营销平台、旅游舆情监测平台以及涵盖旅游产品推广、产品预售和结算、实时旅游信息查询、旅游车辆调度、讲解导览、容量监控等线上和线下相结合的一站式"旅行服务"平台尚未建立，个性化服务预订等消费模式还没有形成，迫切需要建立起以大数据应用为支撑的智慧旅游平台，建成以旅游公共信息服务、行业管理和电子商务为核心的贵州智慧旅游云。

3. 城乡设施制约

旅游产业具有行为空间上的"扩散性"和要素支撑上的"复合性"特点，城乡设施与环境是旅游业发展的基本要求。作为欠发达地区，贵州省整体的城乡设施与环境建设与发达地区差距明显，整体配套程度较低，城镇建设没有考虑到外地人的需求，只考虑了当地人的需求。比如公共交通，只按照当地人口设计，没有考虑旅游者的需求，包括综合交通设施、餐饮住宿、旅游咨询等基本旅游设施。城乡交通秩序、环境卫生、城乡风貌等都无法满足旅游业"井喷式"发展的需要。

（三）生态限制

"守住发展和生态两条底线"，建设"山青、天蓝、水清、地洁"贵州，是习近平总书记对贵州经济社会发展的嘱托，也是贵州经济社会发展的必然选择。山地是经过上亿年地质历史演化形成的一种相对脆弱的生态系统，一旦破坏难以修复。贵州作为我国石漠化面积最广、程度最深的省份，如何在生态保护前提下合理确定开发容量、规模和开发方式，成为贵州山地旅游发展必须面对的重大课题。山地旅游资源具有复合性和多样性特点。如何在多角度开发中明确主题，形成鲜明特色，在深度挖掘中保持自然纯真、文化本色和人文生态，从而避免产品的同质化和低俗化？如何既建设适当的人工设施，确保游客出游方便，又能避免缆车、山地电梯等人为开发破坏自然生态和视觉景观？又比如，如何使山地旅游在提高当地居民收入的同时，尽量避免损害其原有的生活方式、降低生活质量？等等。这些都是贵州山地旅游发展中必须解决的现实问题。可见，发展过程所面临的生态限制因素，不可避免地会给贵州山地旅游发展带来制约。

（四）观念限制

1. 旅游发展观念制约

贵州山地旅游发展最缺乏的不是资源，而是旅游发展观念。"十二五"期间，贵州旅游业取得了快速发展，但总体而言，贵州旅游业尚处于后进状态，很大程度上在于其旅游发展观念尚未实现根本转变，限制和阻碍了贵州旅游业进一步发展。目前，贵州山地旅游发展最大的障碍与其说是资金缺乏，倒不如说是思想观念落后。落后的山地旅游发展意识，将在很大程度上长期制约贵州山地旅游的大发展。

贵州旅游发展观念落后突出表现为缺乏对贵州山地旅游资源独特性和发展潜力的认识。近年来，贵州已逐步形成全省上下齐抓旅游发展的局面，将旅游业发展上升为"第一把手工程"，虽然各级领导干部对旅游业发展的认识有所提高，但是依然存在一些地区和部门对旅游的产业地位、财政收入、管理职能和政策措施没能完全清晰规划，没能将旅游业作为一项经济产业进行培育，而依然对开矿山、办工厂趋之若鹜。旅游业投入资金不足，旅游相关行业、部门联系合作和资源整合力度不够，导致山地旅游资源景区开发建设、山地旅游产品打造滞后，山地旅游资源利用程度较低。从目前来看，贵州已经开发的山地旅游资源尚不到所具潜力的1/10。

另外，贵州省山地旅游资源利用特色精品意识依然有待进一步提升，贵州山地旅游发展存在机关部门对当地旅游资源，特别是那些具有深层次吸引力的文化资源理解不足的问题，导致产品开发方法和模式简单化，旅游产品内涵不够、形式单一，缺乏"山地"的内涵，旅游活动形式单一，服务项目千篇一律、大同小异，缺乏本土特色鲜明、旅游者能深入参与和体验的项目。旅游娱乐项目类别单一，缺乏丰度，更缺乏与当地文化深度结合的本土娱乐，民族文化体验项目开发不足。在山地旅游商品开发上，特色旅游商品做工普遍粗糙，缺乏精品，对游客的吸引力不足。本土特产雷同现象也非常严重，且缺乏有效包装，难以打响品牌，甚至大部分景区兜售的都是常见的"大路货"。

贵州山地旅游资源开发还缺乏全域意识，在全域旅游背景下，贵州在打造精品旅游景区（景点）时应遵循"众星捧月"的发展模式，而不是月亮升起周边却星光黯淡。在省级层面上，贵州省虽然出台了一系列旅游规划，如《贵州生态文化旅游创新区产业发展规划（2012～2020年）》《贵州省生态旅游发展战略总体规划》《贵州乡村旅游规划（2006～2020）》等，但统筹协调区域间山地旅游发展并未真正落实到位。虽然在山地旅游发展的过程中，政府部门对部分旅游区（点）进行了规划，但规划的编制只是针对规划区域，并未对整体进行统筹布局。由于受制于行政、地域等分割，加之有些地方政府急功近利，相关规划缺乏有机的系统配合，旅游开发建设缺乏系统性、计划性，最终旅游景点之间产品雷同、竞争加剧、价格低廉、服务质量不高，有些景点甚至出现破败、萧条的情况。以凯里巴拉河沿线旅游为例，在周边雷山西江千户苗寨旅游开发之前巴拉河沿线苗族村寨旅游开展较好，但一直没有集中规划开发，随着西江千户苗寨的崛起，巴拉河沿线旅游凋落（千户苗寨周边也是）。

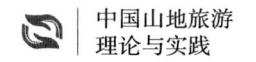

2. 全社会经营旅游理念还未完全形成

目前，贵州全社会经营旅游的格局尚未完全形成，主要表现为：①"三权分离"（所有权、经营权、管理权）的旅游资源开发管理利用局面尚未形成。②部门旅游管理职能尚未完全厘清，政出多门现象依然存在，多方联动、利益共享、政出一门的新局面尚未建立。③山地旅游资源开发市场主体少且不强。④贵州旅游经营进入门槛问题依然广泛存在，如在线度假租赁、在线租车、旅游网购等平台准入和相关涉旅经营许可制度政策尚未完全建立和放开；广大群众（特别是当地居民）以土地、资产、景区资产、劳动力等要素参与旅游经营管理的体制尚未建立。

三 变化和机遇

（一）经济地理地位变化

贵州省具有近海近边近江和西南陆路交通枢纽的区位优势，属于"一带一路"和长江经济带、泛珠江三角洲经济带范围，临近成渝经济圈、滇中经济圈，是西南南下出海的必经之地。

1. 内陆开放型经济试验区

2016年8月5日，国务院批复同意设立贵州内陆开放型经济试验区，批复指出："国务院有关部门要按照职能分工，加强对试验区建设发展的指导，在规划编制、政策实施、项目布局、体制创新等方面给予积极支持，帮助解决试验区发展过程中遇到的困难和问题，营造良好的政策环境。"[①]

---

① 《国务院关于同意设立贵州内陆开放型经济试验区的批复》（国函〔2016〕142号），2016年8月5日。

2016年8月29日，国家发改委公布了《贵州内陆开放型经济试验区建设实施方案》（以下简称《方案》）。《方案》提出，到2020年贵州将基本建成"三位一体"（现代化产业发展、投资贸易便利化和开发式扶贫）的内陆开发型经济试验区。《方案》要求，贵州要加强体制机制创新，积极参与国际产能合作、"一带一路"和长江经济带发展，到2020年基本形成包含大旅游在内的"四大"（其他三大包括大数据、大健康、大生态）现代产业体系。贵州肩负着为内陆地区开发发展探索经验的历史使命，试验区建设对推动贵州投融资体制改革、实现投资贸易便利化、拓展经贸合作和打造国际化开放平台起到积极作用，将进一步拉近贵州与西南地区、东中部地区乃至世界的距离，有助于推动贵州山地旅游目的地建设发展。

2. 大数据——千里姻缘一线牵

2015年，"互联网+"被首次写入政府工作报告，国家旅游局据此提出"旅游+"的概念，"旅游+大数据"已经在全国范围内快速推进。大数据的应用将助推贵州旅游个性化营销，实现旅游企业与旅游者之间就旅游产品开发、推广等方面信息的实时沟通，有效满足游客需求。

作为全国旅游大数据示范省，贵州依托大数据的发展优势，已构建起自己的大数据框架和智慧旅游云（云上贵州·智慧旅游云），正加快推进集旅游大数据精准管理、数据共享、投融资交易、对客一站式服务以及应急调度指挥为一体的旅游大数据平台建设。贵阳市被列入第二批智慧旅游试点城市，诞生了太极智旅信息技术公司、贵州大数据旅游产业公司等一批企业。通过"旅游+互联网"，贵州旅游大数据产业快速发展。"旅游+大数据"带动了政府服务能力升级、企业经营能力升级和旅游服务体系升级，不仅使旅游产品的入市门槛进一步降低，而且拉近了贵州与旅游客源市场的距离，推动贵州山地特色资源更快、更好地发展，进而推动贵州旅游产业结构转型升级。

（二）交通变化

1. 大交通格局——西南枢纽

近年来，贵州旅游发展的交通基础设施条件得到很大改善，旅游可进入性有大幅度提升，大交通瓶颈逐步被破解。截至"十二五"期末，贵州省铁路和公路通车里程分别达到3037公里和18.4万公里，其中高速铁路701公里，高速公路5128公里，与相邻各省（区、市）形成两个以上省际大通道，高速公路出省通道达到15个。通航机场实现市州全覆盖，机场旅客吞吐量达到1563万人次。高等级航道达到690公里，乌江基本实现通航。贵州覆盖全域的立体化快速交通体系加速形成：高速公路网的初步形成，为全省自驾旅游创造了自由的通途；纵贯国内各地的高速铁路，打通了东西南北的交通；国家规划建设"一干十六支"航空网络，将会联通五大洲、四大洋；贵州构建"四江一河、五水出境"格局，创造了山地旅游大省的水上通途。

2016年以来，贵州省可进入条件进一步改善，增开高铁22对，开辟贵阳至首尔直飞航线，新增马来西亚至黔西南、杭州至安顺、广州至荔波、上海至凯里旅游包机，省外游客保持了较快的增长速度，客源结构进一步优化，1~6月全省接待外省游客1.30亿人次，同比增长50.1%。沪昆高铁贵阳至昆明段2016年底开通；贵阳至重庆、成都高铁也将在未来三年内开通；贵阳至南宁、贵阳至郑州高铁已获得立项批复，即将开工建设。交通的改善，促进了贵州发展全域山地旅游。高速交通时代的到来，极大地提升了贵州山水的价值，为贵州创造"慢"的价值，旅游业是贵州走出经济洼地的必然选择。

2. 县县通高速

1986年8月15日，贵阳至黄果树汽车专用公路破土动工。全长

137 公里的贵黄公路作为我国西部地区最早开工建设的一条高等级公路，1991 年竣工通车。贵黄公路开启了贵州公路建设的新纪元，是贵州公路建设从此走向现代化的标志。"十二五"期间，贵州在高速公路建设方面，共完成固定资产投资 3454 亿元，是贵州历史上基础设施投资最大、增长最快的五年。贵州创新发展，按照创新模式、创新投融资体制的要求，吸引中国交建、中国铁建等大型央企，采用 BOT 模式建设高速公路 1589 公里，吸引企业投资 1770 亿元，借助外来资金、管理方式，通高速公路的县达 88 个，高速公路通车里程突破 5100 公里，贵州省在西部地区率先实现县县通高速公路的宏伟目标，贵阳与其他市（州）政府所在地有两条通道连接。

（三）生态变成资源

1. 国家对贵州的生态日益重视

生态文明已成为我国的治国理念。2012 年初，国发 2 号文件把建设"两江"上游重要生态安全屏障定为贵州未来五大发展战略之一。贵州是两江（珠江、长江）上游重要的生态屏障，虽然生态环境较好但是依然较为脆弱，并且贵州是全国贫困人口最多的省份，贵州实现经济发展和生态文明建设协调发展，对全国具有重要意义。为此，国家高度重视贵州生态文明建设。2014 年，贵州省获批建设全国生态文明先行示范区。2015 年 6 月 16～18 日，习近平总书记视察贵州时强调：贵州要"大力发展展现生态环境优势产业。贵州风景名胜资源丰富，素有'公园省'之美誉，自然风光神奇秀美，山水景色千姿百态，自然风景和古朴浓郁的民族风情交相辉映，红色文化资源丰富，这为发展旅游业提供了得天独厚的条件。要把旅游业做大做强，丰富旅游生态和人文内涵。要积极发展健康养老、休闲娱乐等生活性服务业，使之成为重要新兴产业"。发展山地旅游，对于贵州守住发展和生态两条底线，践行"绿水青山就是金山银山"理念，推动贵州旅游业转型升级，增加人民收入，实现2020年全面建成小康社会具有特殊的重要意义。

2. 贵州以生态文明引领发展

多年以来，贵州始终守住"发展与生态"两条底线，高度重视生态建设。2005年，贵州提出了坚持生态立省和可持续发展战略的方针，在加强环境保护和生态环境建设的同时，着力发展循环经济。在"生态立省"基础上，2007年4月贵州省第十次党代会确立了"环境立省"的战略，将"保住青山绿水也是政绩"写进党代会报告，相继出台了一系列推进生态农业、生态旅游业、生态畜牧业、生物制药和循环经济发展以及节能减排、环境保护、石漠化治理等方面政策，推动生态环境建设与特色产业发展的有机结合。2007年11月，贵州成为全国做出"建设生态文明、实现生态现代化"战略决策的第一省。2008年，贵州正式在78个喀斯特县启动石漠化综合治理工程。2009~2016年，贵州连续举办"生态文明贵阳国际论坛"。2012年4月，贵州省第十一次党代会把"必须坚持以生态文明理念引领经济社会发展，实现既提速发展又保持青山常在、碧水长流、蓝天常现"写进党代会报告。[①] 2013年7月，贵州成立了统筹和领导全省生态文明建设工作领导小组。2014年，贵州省狠抓生态文明建设，大力推进生态建设和环境保护，成功举办了首次全省生态文明建设大会。

贵州以生态文明引领经济社会发展，将大生态作为经济社会发展的三大长板之一，构建生态环境法规制度体系，加强生态立法保护，立足自身山、水、林、气候等特色生态资源优势，积极推动产业绿色化发

---

① 栗战书：《以党的十八大精神为指引坚持科学发展奋力后发赶超　为与全国同步实现全面建设小康社会宏伟目标而奋斗》，《贵州日报》2012年4月24日，第1版。

展，大力发展生态旅游、天然饮用水、现代山地特色高效农业等生态产业。"十二五"期间，贵州生态环境持续改善，森林覆盖率超过50%。

（四）观念变化

1. 以新发展理念为统领

我国经济从高速增长转向中高速增长成为现在及未来一段时间的新常态，未来经济下行压力较大，增速可能继续小幅回落；化解过剩产能，降低实体经济的经营成本，消化房地产库存，防范化解金融风险等困难重重。尤其是"十三五"规划落地、提振经济、实施大扶贫战略、全面小康等相关的政策效应不能快速产生，只能缓慢释放。我国经济进入周期性深度调整，产业升级、结构调整，诸多不确定因素的共同作用，对经济社会发展带来较大的影响。为实现"十三五"发展目标，破解新常态发展难题，厚植发展优势，十八届五中全会确定了"创新、协调、绿色、开放、共享"的新发展理念。新发展理念为我国全面建成小康社会和实现"两个一百年"奋斗目标提供了行动指南和思想指引。

贵州省以新发展理念为统领，牢固树立和落实创新发展、协调发展、绿色发展、开放发展和共享发展理念，深化改革，找准贵州定位，彰显贵州特色，发挥贵州优势。创新是贵州山地旅游发展的动力所在，协调是贵州山地旅游发展的内在要求，绿色是衡量贵州山地旅游发展的重要标志，开放是贵州山地旅游发展的必由之路，共享是贵州山地旅游发展的本质要求。贵州具有欠发达地区的后发优势和数量多且品质高的旅游资源等比较优势，在旅游发展中贯彻落实"五个发展理念"，以实现区域资源有机整合、产业融合发展、社会共建共享为原则，以山地旅游带动和促进经济社会协调发展为区域协调发展理念和模式，以实施全域"旅游主业化"、加快旅游供给节奏为主要增长点和有效抓手，坚持以扩大旅游规模为重点，全面推进旅游业改革，在旅游规模增长的过程中，调整供给结构，提升供给效益，增强供给竞争力。贵州省目前正处于一个重要的战略机遇期，按照"创新、协调、绿色、开放、共享"的新发展理念，加快推进旅游供给侧结构性改革，扬长避短，抢抓山地旅游业发展"优劣势转换"的有利时机，必将迎来山地旅游业井喷式增长。

2. 以全域旅游为契机

推进全域旅游是我国新阶段旅游发展战略的再定位，是我国旅游业一场具有深远意义的变革。应以全域旅游示范区建设为契机，整合各类社会经济资源，努力营造全社会发展旅游的良好氛围和格局，实现旅游从景点旅游模式走向全域旅游模式，破除旅游景区（景点）内外的体制壁垒和管理围墙，实行多规合一，实行公共服务一体化、旅游监管全覆盖。综合运用各种媒体手段实施整合营销，将旅游产品宣传营销与旅游目的地推广进行有效结合。逐步实现公共服务设施建设和旅游基础设施建设从景区（景点）拓展到全域，从粗放低效旅游向精细高效旅游转变。加大旅游供给侧结构性改革，增加旅游有效供给，引导旅游需求，实现旅游供求的积极平衡，从封闭的旅游自循环向开放的"旅游+"融合发展方式转变。加大旅游与农业、林业、工业、金融、商贸、文化、体育、医药等产业的融合力度，形成综合新产能，实现由旅游企业单打独斗向社会共建共享转变。充分调动各方发展旅游的积极性，以旅游为主导整合资源，强化企业社会责任，推动建立旅游发展共建共享机制。

贵州遍及全省的山地旅游资源，处处皆景的小精特自然文化景观，契合了全域旅游发展的资源要求。贵州将全省作为旅游景区来进行规划建设，开展旅游资源大普查，编制全域旅游发展规划，整合区域资源，注重全景式打造、全社会参与、全产业发展、全方位服务、全区域管理，优化环境、美化景观、提升服务，把贵州全域打造成公园、处处打造成景观、村村打造成景点，让游客感到"一景一物都入心、一山一水总关情",加快实现从"景点旅游"向"全域旅游"转变。依托贵州现有11个全域旅游示范点,遵循由点到线、由线到面、由面到全域的路径,贵州省大力推进全省旅游发展空间格局。以贵阳市为极核,以贵安新区为新增长点,着力打造休闲、度假、文化、避暑养生和商务会展等旅游产业群,形成全省山地旅游服务中心枢纽;打造连接周边省市的高铁特色旅游产业带,形成省域性精品环线和跨省精品线路;以特色旅游资源为依托,打造山地休闲度假、生态观光、民族文化体验、健康养生、户外运动、地质科普特色山地旅游产业集聚区;进一步优化提升遵义、六盘水、安顺、毕节、铜仁、凯里、都匀、兴义等区域性旅游中心城市,使之成为区域性山地旅游中心和集散枢纽,最终形成由点到线,由线到面、由面到全域的大旅游发展格局。为进一步发挥全省各区域旅游优势和特色,依托高速铁路、高速公路等快速通道,贵州按照资源整合、区域协同、差异化发展的要求,着力推进黔中、黔东南、黔南、黔西南等七大以自然景观和民族文化为特色的山地旅游区建设,支持荔波、赤水、湄潭、盘县、江口、雷山、乌当等市县(区)推进旅游全域化发展示范,加快形成覆盖全省山地旅游全域化发展空间格局。在旅游需求"井喷式"涌现的前提下,贵州省正以推动全域旅游的思维,通过供给侧结构性改革,从产业和空间视角进行结构调整,改变旅游产业的发展模式,提高旅游供给体系的质量和效率,以做强长板、补齐短板。

3. 以"旅游+"为动力

旅游产业是综合带动性很强的产业,据研究其与9个以上的行业有着直接的联系。[①]"旅游+"已成为未来旅游发展的一大趋势,将加

---

① 黄常锋、孙慧、何伦志:《中国旅游产业链的识别研究》,《旅游学刊》2011年第1期,第18~24页。

速引导和带动三次产业的增长，"旅游＋"思维为贵州创新山地旅游发展模式提供了广阔的创新空间。贵州山地旅游资源具有鲜明的山地文明特征，山地旅游发展已经融入贵州经济社会发展的方方面面。"旅游＋"推进贵州山地旅游与山地特色城镇化建设、山地特色高效农业融合发展，形成山地旅游与大健康、大生态、大扶贫、大数据等相关产业的良性互动，实现"一业兴带动百业旺"的目标。

"旅游＋"有助于贵州通过市场手段高效配置整合资源，充分利用贵州独特的文化景观和优美的自然环境，将贵州独有的山地旅游资源优势转化为贵州经济社会发展的经济优势，推动旅游产业与各地特色产业融合，加快推动旅游价值链的优化升级，实现旅游与三次产业间的互融互通；有助于贵州特色化、个性化旅游的发展，推进旅游业态创新，推动旅游与现代山地特色高效农业融合发展，与大健康、文化、体育等相关产业共生共荣，开发提升自然生态观光、民族文化体验、休闲度假养生、山地体育运动等旅游产品体系。"旅游＋"也有助于贵州大数据、"互联网＋"理念和技术在旅游业应用的深化，加快推出覆盖面积大、带动力强、效益好的精品山地旅游景点、精品山地旅游线路，以满足不同地区、不同类型游客的消费需求和旅游偏好。"旅游＋"有助于贵州打造一批特色农家休闲、乡村民宿、民宿体验、山地营地、特色酒店、康养度假精品和旅游综合体；开发一批居家型、度假型养老产业，创建康体养老机构和创新型老年人颐养新村；建设一批民族文化休闲街区，培育一批知名的民族节庆品牌，推出一批有影响力的知名演艺产品，开展一批富有地方特色的民俗演艺、节事节庆活动，建立优秀作品奖励机制；加强本土旅游商品开发，培育旅游商品开发企业，形成包含具有地域标志性的商品、地方土特产和旅游纪念品在内的特殊旅游商品体系。

四 贵州旅游业发展阶段分析——传统旅游业向现代旅游业转型的关键时期

（一）贵州当前旅游业的特征

1. 旅游经营主体小弱散

受制于经济社会发展水平，贵州旅游企业小散化特征明显。贵州省旅游企业依然存在着市场主体偏小、偏弱、分散的特点，与现代旅游组织方式不相适应。近年数据表明，贵州省旅行社、饭店和景区等三大支柱行业发展效益长期较低。从旅游景区来看，集团化、规模化的景区实体少，部分景区没有成为真正的市场主体，没有形成自己的拳头旅行社，没有开发企业，自身竞争力不强。有些景区效益不好，产业带动性不高，对产业带动和就业带动弱。景区作为核心吸引物，上升到国际层面并辐射的旅游板块没有形成。

①饭店。截至 2015 年底，贵州省共有星级酒店（饭店）298 家，其中：一星级 14 家、二星级 89 家、三星级 130 家、四星级 59 家、五星级 6 家。星级饭店总数仅排在周边城市重庆之前，但高星级饭店（四星级、五星级）数量远远落后于周边省份（见表 2-2）。[①] 进一步分析还可发现，在已有的 6 家五星级饭店中，贵阳 4 家、黔西南州 2 家，其他州市没有。

对星级饭店经济指标分析发现，贵州星级饭店经济表现在周边省份排名中总体靠后（见表 2-3）。

②旅行社。2016 年 2 月 19 日，贵州省内有出境旅行社 19 家，国内

---

① 截至 2016 年 10 月 10 日，贵州五星级饭店仍为 6 家，贵州周边省份五星级饭店数量分别为：四川 33 家、重庆 29 家、湖南 22 家、云南 21 家、广西 17 家。

表2-2 2015年贵州及周边省份星级饭店统计

序号	省 份	总 数	五星级	四星级	三星级	二星级	一星级
1	云 南	614	20	73	229	268	24
2	湖 南	429	16	58	218	133	4
3	广 西	400	11	67	232	89	1
4	四 川	395	26	103	159	104	3
5	贵 州	298	6	59	130	89	14
6	重 庆	212	26	51	107	28	0

资料来源：国家旅游局关于2015年度全国星级饭店统计公报。

表2-3 2015年贵州及周边省份星级饭店经济指标汇总

省 份	贵州	重庆	广西	湖南	四川	云南	排名
营业收入总额（亿元）	25.53	42.96	39.56	64.44	70.99	45.37	6
客房收入占比（%）	57.05	44.15	48.12	43.16	46.94	58.32	2
餐饮收入占比（%）	33.66	37.61	38.54	42.55	35.30	30.68	5
固定资产原值（亿元）	60.63	98.52	96.36	151.00	199.00	182.00	6
利润总额（亿元）	-0.03	-2.10	-2.41	-2.10	-1.40	0.11	2
实缴税金（亿元）	2.65	3.32	3.88	7.96	5.97	5.47	6
从业人员年平均人数（万人）	2.11	2.85	6.90	5.05	4.93	5.08	6
大专以上学历人数（万人）	0.39	0.61	0.60	1.10	0.77	0.70	6
全员劳动生产率（千元/人）	57.38	203.90	159.49	99.48	356.88	108.20	6
人均实现利润（千元/人）	-3.50	-7.96	19.97	-3.42	41.85	-5.11	4
人均实现税收（千元/人）	5.63	14.63	23.54	6.79	24.34	8.69	6
人均占用固定资产原值（千元/人）	139.73	459.41	562.82	269.27	633.24	324.24	6
每间可供出租客房收入（元/间夜）	106.44	201.45	216.77	144.31	450.64	123.45	6
每间客房平摊营业收入（千元/间）	79.20	191.98	171.62	104.31	332.50	74.82	5

资料来源：国家旅游局关于2015年度全国星级饭店统计公报。

旅行社305家，其中：贵阳市122家、遵义市35家、安顺市18家、黔南州23家、黔东南州30家、铜仁市21家、毕节市16家、六盘水市22家、黔西南州18家。在2015年旅行社组织接待指标和经济指标全国排序中，贵州旅行社排名均处于国内较低水平，同时落后于周边省份（见表2-4、表2-5）。在国家公布的2012~2014年百强旅行社中，贵州省旅行社无一入围。

表2-4 2015年贵州及周边省份旅行社组织接待游客指标排序

省份	出境旅游		国内旅游				入境旅游			
	人次数	人天数	人次数		人天数		人次数		人天数	
			组织	接待	组织	接待	外联	接待	外联	接待
湖南	8	5	6	3	9	11	12	9	12	13
四川	11	13	9	9	12	12	11	8	10	8
重庆	14	12	13	15	6	13	5	18	8	9
云南	22	19	22	18	20	6	18	3	17	20
广西	15	16	19	17	21	15	22	15	16	18
贵州	24	27	21	25	24	24	24	24	25	25

资料来源：国家旅游局关于2015年度全国旅行社统计调查情况的公报。

表2-5 2015年贵州及周边省份旅行社经济指标排名

单位：千元

省份	旅游业务营业收入		旅游业务利润		实缴税金	
	全国名次	金额	全国名次	金额	全国名次	金额
重庆	8	12461872.92	10	494436.89	11	55629.60
湖南	11	11491350.51	14	222802.22	10	58737.70
云南	12	6857486.20	12	250529.35	14	31444.51
四川	15	5579395.78	24	145008.82	13	34522.92
广西	17	3654503.68	19	174030.08	19	21294.13
贵州	25	1920580.20	29	41924.61	27	11907.16

资料来源：国家旅游局关于2015年度全国旅行社统计调查情况的公报。

③旅游景区。截至2014年底，贵州省A级景区总量为118家，占全国总量的1.6%，大大低于周边地区，仅为湖南的50.9%、广西的52.7%、重庆的67.4%、四川的39.5%、云南的71.5%。2014年底，贵州省高等级景区54家，分别比湖南、广西、重庆、四川、云南少30家、61家、14家、88家、11家。截至2016年8月31日，贵州省

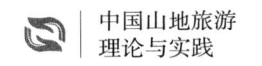

5A级旅游景区仅有4家，而此时，周边省份5A级旅游景区四川省有10家、湖南有8家、云南有8家、重庆有7家、广西有4家。贵州以5A级景区和上规模的度假区为核心的旅游目的地很少，包括5A级旅游景区黄果树、安顺龙宫、荔波漳江等旅游目的地，在空间和产品规模上均比较小。少量的"小型"旅游目的地，相对于其他省份同类旅游目的地而言，在旅游市场的影响度较低。旅游目的地"少、小、低"导致旅游成本高，线路组织复杂，区域竞争中没有优势。贵州省旅游开发数量与丰富的旅游资源供给之间不相匹配，导致贵州旅游的总体供给规模与全国对贵州旅游产品的"井喷式"爆发的市场需求不相适应。

2. 旅游业传统特征明显

（1）观光特征显著

贵州省旅游产业经济基本属于观光经济，门票经济现象明显（见表2-6），观光旅游依然是全省主要旅游产品。2015年入黔游客年均停留时间仅1.51天在全国居落后地位。从旅游产品供给来看，观光旅游的基本面与多元化市场需求不对应。同时，观光类旅游产品在整体数量、规模、质量及品牌上的市场号召力，均与贵州省丰富的观光资源存在较大差距。截至2014年底，贵州度假休闲类景区为21家，仅比云南多出2家，但比湖南、广西、重庆、四川分别少12家、25家、21家、17家，仅分别为度假休闲类景区数量排名前三位山东、黑龙江、内蒙古的15.9%、19.4%、26.3%。

（2）产业集聚度低

旅游的"流动性"特点，决定了旅游产业发展的区域竞争，产业聚集程度是衡量区域竞争力的重要指标。贵州省旅游产业起步较晚、规模较小，导致在产业发展上面临极核少、链条短等问题，井喷式发展需要从供给侧改革入手改变竞争能力不足的现状。

表 2-6 2015年贵州5A级景区收入情况

单位：万元，%

景区名称		景区总收入	门票收入	商品收入	餐饮收入	交通收入	住宿收入	演艺收入	其他收入
黄果树风景名胜区	收入	49053.1	37705.6	13.57	2309	6514	0	0	2510.93
	占比	100	76.87	0.03	4.71	13.28	0.00	0.00	5.12
龙宫风景名胜区	收入	4989.57	4455.31	115.3	178.32	48.7	191.94	0	0
	占比	100	89.29	2.31	3.57	0.98	3.85	0.00	0.00
贵州省毕节市百里杜鹃景区	收入	19878	9418.71	820.19	4186.94	1978.16	3474	0	0
	占比	100	47.38	4.13	21.06	9.95	17.48	0.00	0.00
黔南州荔波樟江旅游景区	收入	82162	25212	7855	10020	16460	9670	2500	10445
	占比	100	30.69	9.56	12.20	20.03	11.77	3.04	12.71
合计	收入	156082.67	76791.62	8804.06	16694.26	25000.86	13335.94	2500	12955.93
	占比	100	49.20	5.64	10.70	16.02	8.54	1.60	8.30

资料来源：贵州省旅游发展委员会。

"十二五"期间，贵州省旅游业空前快速发展，但由于各市州经济发展基础、交通等基础设施等条件差异，全省旅游发展在行政空间分布上不均衡，毕节、六盘水等相比贵阳市以及黔东南等区域，旅游业发展相对不足。同时旅游业发展水平与资源条件在空间分布上，也存在不平衡，特别是旅游业发展相对落后的地区，正是贵州省旅游资源优势地区。从旅游业空间集聚程度看，贵州省整体上尚未形成市场认知的大型旅游板块和旅游廊道。旅游业区域发展的空间分布、发展程度与"山地公园省"的目标差距较大。

旅游"吃、住、行、游、购、娱"六要素之间还没有形成良好的产业链条，更没有向旅游设备制造业以及农业领域延伸。在行游住食购娱等旅游基本服务要素链中，长期偏重景点、住宿和餐饮环节的供给，忽视购物、娱乐和康体环节的供给。贵州省旅游城市和区域普遍缺乏特色餐饮美食街区、休闲娱乐街区和旅游商品、纪念品街区等消费热点。房车、钓具、冲锋衣、缆车等休闲制造业，旅游装备制造业等发展非常迟缓，符合景区（城市）特色的旅游纪念品、旅游工艺品、旅游特产、特色旅游商品、生活用品等轻工业品发展也较弱。

（3）旅游效益较低、综合带动力弱

2015年贵州省旅游接待总量为3.76亿人次，实现旅游总收入3512.82亿元，旅游购物消费比重提高到25.6%。但在3.76亿人次接待总量中有1.59亿人次的乡村旅游者，占到接待总量的42.4%；过夜游客只有1.21亿人次，仅占全省接待游客总人数的32.1%。上述游客结构直接导致贵州省游客人均停留天数和人均花费处于较低水平，最终影响贵州旅游业的整体效益。2015年在黔游客人均停留天数1.51天、人均旅游花费933.52元，低于赴滇（云南）国内旅游者人均停留天数2.43天、人均花费1672.40元。

2015年，贵州省旅游业税收103.67亿元，占地方财政收入

6.9%，对财政收入贡献率5.2%，对税收收入贡献率7.1%。旅游业虽然已经成为贵州的支柱产业，但目前旅游产业综合贡献能力仍低于全国平均水平。2015年全省旅游业增加值占GDP总量的9.2%，与旅游支柱产业地位不匹配。相比之下，全国旅游业综合贡献7.34万亿元、占GDP总量比重达10.8%、带动社会就业287.6万人（受益人数577万人）；云南省旅游产业综合增加值总量达到1858.6亿元、占GDP总量的13.52%、带动就业698.02万人。[①] 贵州省旅游业综合贡献低于全国平均水平和云南，说明贵州省旅游业作为主导产业对关联产业的带动能力还不够。

(4) 游客满意度较低

根据抽样调查数据，贵州各项旅游要素满意度指数从高到低依次为：餐饮77.16分、交通76.84分、景点75.99分、住宿75.13分、购物73.62分、娱乐73.18分、导游68.43分。[②] 景区、导游仍是贵州省投诉的焦点和服务的短板。

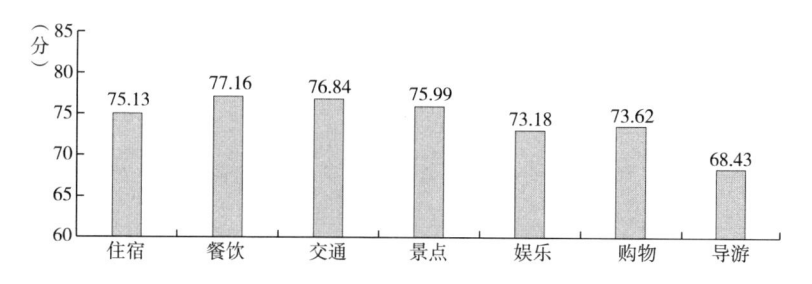

图2-1 贵州省各项旅游要素满意度指数

(5) 业态创新不足

经过三十多年的发展，我国旅游市场不仅规模呈几何式增长，旅

---

① 《2015年云南省旅游经济运行情况综述》，http://www.ynta.gov.cn/Item/27951.aspx，2016年10月12日。
② 资料来源：《贵州旅游供给侧结构性改革研究报告》（内部资料）。

游市场的结构、游客出游的选择等市场需求更为多元化。作为山地旅游资源大省，无论从资源数量，还是资源特色看，贵州开发山地运动、汽车露营、科普探险、研学旅行等新兴业态均具有较大优势，但从全省整体上看，新兴旅游业态还处于起步阶段，数量、结构、品质与新时期旅游多元化市场需求不对应。

（6）人才供给总量不足

贵州省旅游人才供给总量不足，全省共有28所大专及以上院校开设有旅游管理相关专业，每年培养旅游管理方面的人才6800人左右。可见，贵州省旅游人才的培养规模远不能满足旅游业发展的需要，并且随着旅游业的快速发展这一状况还将变得越来越严峻（贵州旅游人才培养增长速度是12.1%，而贵州省旅游业发展人才需求增长15.7%）。2015年，贵州省旅游业发展所需人才缺口就达到了4万以上。贵州省旅游业中高端人才严重不足，并且贵州每年培养的旅游专业学生中约有46%没有从事旅游行业。[①]

（二）贵州旅游业转型已经启动

1. 旅游改革不断深化

贵州省政府出台了《关于深化改革开放加快旅游业转型发展的若干意见》，省级29个旅游业改革试点在优化机构设置、理顺体制机制、搭建融资平台等方面取得初步成果，贵阳、遵义、六盘水、铜仁、黔东南、黔西南等6个市（州）设立具有综合协调职能的旅发委。加快推进旅游景区法人治理结构改革，112个景区实现了公司化经营。旅游投融资体制改革取得成效，已建立贵州旅游团（控股）有限公司、贵州产业投资（集团）有限责任公司、贵阳文化旅游集团有限公司等

---

① 资料来源：《贵州旅游供给侧结构性改革研究报告》（内部资料）。

融资平台，多渠道、多元化的旅游投融资体系基本形成。

深入开展"文明在行动·满意在贵州"活动，探索设立"工商旅游分局""旅游警察""旅游巡回法庭""旅游调解委员会"形式，构建"调解＋仲裁＋诉讼"等旅游市场监管创新机制。组建省旅游发展委员会新机构，省编办批复安顺、毕节、黔南州旅游局更名为"黔南州旅游发展委员会"，贵阳、遵义、安顺、铜仁、黔东南、黔南等地编制全域旅游规划，黄果树、龙宫正筹备设立黄龙管委会，荔波、赤水等主要景区挂牌12家旅游法庭，黄果树、仁怀市设立"旅游警察"，花溪组建全域旅游区管理委员会和旅游警察大队。"贵州省旅游信用信息系统"上线运行，引进清华紫光集团启动全省一站式服务平台建设，中央电视台《焦点访谈》栏目点赞贵州文明旅游，全力营造"六心"旅游环境取得初步成效。

2. 对外开放全面提升

旅游业已经成为贵州省对外开放的重要领域和有效载体，在兴义市成功举办了首届国际山地旅游大会，连续举办十届全省旅游发展大会和一系列全国性文化旅游、体育赛事等重大节会，通过举办生态文明贵阳国际论坛、中国（贵州）国际酒类博览会、中国—东盟教育交流周等活动扩大贵州旅游国际影响力，开展旅游主题招商成效突出。区域旅游合作不断提升，与国内重点旅游城市的合作交流加强，联合两广、湖南共同开发高铁精品旅游线路，组建贵广高铁旅游营销联盟。旅游外宣交流合作成效明显，贵州省已与20个国家和地区建立了旅游合作关系，持续在国内二十余个大中城市开展营销推介活动；组织开展"走出去""请进来"活动两百余批次，选聘中外文化名人担任"贵州旅游文化大使"代言贵州旅游。

3. 旅游服务设施不断完善

立体化、全域化快速交通体系加速形成。贵广、沪昆（长沙至贵阳）高铁建成通车，贵州省旅游进入"高铁时代"。2015年全省高速公路总里程达到5128公里，实现县县通高速公路。实现贵阳龙洞堡国际机场改造升级，国际国内航线增加到116条，2015年旅客吞吐量突破1563.28万人次；新建成遵义、六盘水、毕节、黄平支线机场，形成全省"一干九支"民用机场布局网络。着力加强公路、铁路、机场、港口旅游交通的互联互通和无缝连接，加快构建全域化旅游交通服务网络体系。旅游景区基础设施和服务设施加快改善，依托100个景区和乡村旅游升级工程，开展景区网络化布局，开通了一批重点景区旅游专线，基本形成覆盖主要旅游城市、旅游景区的游客接待服务中心体系。

4. 山地旅游产品和业态不断丰富

从产品供给结构方面看，通过旅游产品结构调整，以风景名胜区、文物保护场所的观光旅游产品为主的情况得到很大改变，度假产品和专题产品发展迅速，产品呈现多元化发展格局，基本形成了观光旅游和度假旅游、乡村旅游、文化旅游、红色旅游、生态旅游、专项旅游相结合的多元化产品体系。"十二五"期末，在黔游客消费构成中，休闲度假占48.7%，观光旅游占33.1%，乡村旅游占36.5%，生态旅游占19.8%，文化体验旅游占11.5%，红色旅游占8.2%，康体养生旅游占4.2%。① 适合贵州旅游资源特点和市场需求的山地旅游、避暑度假、康体养生、养老养心等新兴旅游业态不断涌现，各类旅游综合体、旅游小镇建设逐步得到开展，旅游产业聚集区形成。

5. 旅游营销模式不断创新

通过打造"山地公园省·多彩贵州风"品牌，统一宣传，借助国际山地旅游大会、旅发大会以及一系列全国性文化旅游、体育赛事等重大节会，通过举办生态文明贵阳国际论坛、中国（贵州）国际酒类

---

① 资料来源：《贵州旅游供给侧结构性改革研究报告》（内部资料）。

博览会、中国—东盟教育交流周等重大开放活动,集中造势,扩大了宣传效应,吸引了更多旅游者到贵州观光旅游。

建立省领导出访推介的新机制,"山地公园省·多彩贵州风"品牌形象全国、全球推广仪式先后在杭州和韩国开启,贵州省已组团在美国、澳大利亚、韩国、波兰、丹麦、越南、港澳台地区等海内外二十余个国家和地区开展旅游文化推介活动和促销展会,《纽约时报》推荐贵州为世界最值得到访的 52 个胜地之一,法国《相约未知地带——贵州篇》播出后引起轰动,美国有线电视新闻网 CNN 盛赞"贵州是中国被价值低估的绝美胜地"。

以入境、入黔市场为重点,在法国、韩国、中国台湾等地设立贵州旅游营销中心,在央视纪录频道、综艺频道投放广告,通过加密航班、降低机票价、免门票等方式开展 G20 峰会事件营销。加快组建国际山地旅游联盟,加强与《纽约时报》、法国电视台等境外媒体栏目的合作,开辟加密国际航班航线,提升贵州旅游国际影响力。

五 新变化下的战略选择

(一) 中国正处在传统旅游业向现代旅游业转型的关键时期

1. 新常态下旅游业逆势增长

改革开放以来,经过近 40 年的努力,我国旅游业发展迅速,实现了从无到有、从小到大的历史性跨越,目前正从"景点旅游"朝着"全域旅游"转变。如今,我国旅游业正大步迈入蓬勃兴起的大众旅游时代。2015 年,我国国内外旅游接待人数超过 41 亿人次,旅游总收入超过 4 万亿元,达到 4.13 万亿元,旅游业对 GDP 的直接贡献达到 3.32 万亿元,占到 GDP 总量的 4.88%;旅游综合贡献达到

7.34万亿元，占GDP总量的10.8%；旅游实际投资10072亿元，旅游直接、间接带动就业7911万人，占全国总就业人口的10.2%，其中：旅游直接就业达到2798万人。[①] 可见，旅游业已成为我国重要的经济增长点，也成为促转型、调结构的利器，成为重要的经济调节工具，在与农业、工业融合发展和促进地区均衡发展等方面发挥着极其特殊的作用。

"十三五"期间，中国旅游业将助推1200万人口摆脱贫困，占全国总贫困人口的17%。旅游业已然成为居民的刚性需求，成为改善人民生活的重要内容，成为中国缓解城镇化和工业化所带来的就业压力和全面小康建设的一支独特力量。可以说，旅游业已从以往边缘的地位开始走向中心，已经成为经济社会发展中的战略性支柱产业和重要的现代服务业，其在国民经济中的地位和作用越来越凸显。伴随大众旅游休闲时代的到来，旅游业迅猛发展，成为各地各部门关注的焦点，在全国上下形成了共同推进旅游大发展的格局。绝大多数的省（区、市）都将旅游业作为战略性支柱产业加以培育，85%以上的城市以及80%以上的区县也把旅游业定位为支柱产业。[②]

2. 旅游业深化改革

从国家背景来看，我国已经进入改革的深水区。旅游业作为改革开放的先行者，在推进改革开放、缓解贫富差距、扩大内需、转变发展方式、缓解环境污染、解决就业、解决二元经济结构、调整产业结构等方面的作用越来越凸显。为此，国家高度重视旅游业改革，相继

[①] 《国家旅游局副局长王晓峰在第十一届贵州旅游产业发展大会上的讲话》，http://www.gztour.gov.cn/zhengwugongkai/jigougaikuang/lingdaojianghua/2016-05-11/9496.html，2016年10月11日。

[②] 王敏、王蔚、张紫赟、鲁畅：《当中国站在"旅游社会"大门口——中国旅游业思辨录》，http://business.sohu.com/20160228/n438758510.shtml，2016年10月9日。

出台了一系列法律法规和政策。

2009年，国家出台《关于加快发展旅游业的意见》（国发〔2009〕41号），指出主要任务之一便是"深化旅游业改革开放"：

> 放宽旅游市场准入，打破行业、地区壁垒，简化审批手续，鼓励社会资本公平参与旅游业发展，鼓励各种所有制企业依法投资旅游产业。推进国有旅游企业改组改制，支持民营和中小旅游企业发展，支持各类企业跨行业、跨地区、跨所有制兼并重组，培育一批具有竞争力的大型旅游企业集团。积极引进外资旅游企业。在试点的基础上，逐步对外商投资旅行社开放经营中国公民出境旅游业务。支持有条件的旅游企业"走出去"。要按照统筹协调、形成合力的要求，创新体制机制，推进旅游管理体制改革。支持各地开展旅游综合改革和专项改革试点，鼓励有条件的地方探索旅游资源一体化管理。旅游行政管理及相关部门要加快职能转变，把应当由企业、行业协会和中介组织承担的职能和机构转移出去。五年内，各级各类旅游行业协会的人员和财务关系要与旅游行政管理等部门脱钩。[①]

2014年，国务院出台《关于促进旅游业改革发展的若干意见》（国发〔2014〕31号），进一步强调"深化旅游改革"：

> 加快政府职能转变，进一步简政放权，使市场在资源配置中起决定性作用。加快推进旅游领域政企分开、政事分开，切实发挥各类旅游行业协会作用，鼓励中介组织发展。建立公开透明的市场准入标准和运行规则，打破行业、地区壁垒，推动旅游市场

---

① 《国务院关于加快发展旅游业的意见》（国发〔2009〕41号），2009年12月1日。

向社会资本全面开放。各地要破除对旅行社跨省设分社、设门市的政策限制,鼓励品牌信誉度高的旅行社和旅游车船公司跨地区连锁经营。积极培育壮大市场主体,扶持特色旅游企业,鼓励发展专业旅游经营机构,推动优势旅游企业实施跨地区、跨行业、跨所有制兼并重组,打造跨界融合的产业集团和产业联盟,支持具有自主知识产权、民族品牌的旅游企业做大做强。稳步推进建立国家公园体制,实现对国家自然和文化遗产地更有效的保护和利用。抓紧建立景区门票预约制度,对景区游客进行最大承载量控制。统一国际国内旅游服务标准。完善旅游统计指标体系和调查方法,建立科学的旅游发展考核评价体系。取消边境旅游项目审批,将旅行社经营边境游资格审批和外商投资旅行社业务许可下放至省级旅游部门。[①]

此外,国家还出台了《关于进一步促进旅游投资和消费的若干意见》(国办发〔2015〕62号)、《关于加强旅游市场综合监管的通知》(国办发〔2016〕5号)等文件政策,涉及旅游投资、旅游用地、旅游市场管理等方面内容。在《国民经济和社会发展第十三个五年规划纲要》中至少有15处直接提及"旅游"。

在此背景下,全国各地创新理念、创新举措,大力厚植旅游发展的内生动力,加快推进旅游业改革,北京等11个省区市相继成立旅游发展委员会,将统筹产业发展作为旅发委的核心职能。

(二)贵州应立足小精特,发展现代山地旅游

1. 旅游资源特色是贵州开展小精特山地旅游的基础

不可否认,想要在旅游后发地区快速发展旅游业,不但应该将旅游发

[①] 《国务院关于促进旅游业改革发展的若干意见》(国发〔2014〕31号),2014年8月9日。

展问题置于整个经济社会发展的背景下进行思考，而且必须选择一种能够彰显自身资源特色的发展模式。只有选择符合本地区资源特色的发展模式才能取得良好的效果。旅游资源是旅游发展最为重要的基础条件，旅游资源的品位、规模、特色直接决定了旅游开发的可能性，同时还决定了旅游开发需要投入的资金和开发力度，[1] 进而影响旅游开发的效果。

从资源禀赋角度来看，贵州最多的是山，最美的是山，最有特点的也是山，故贵州未来的发展也必然立足于山这一基本省情。贵州最具竞争力的旅游资源是山地旅游资源，最具特色的山地旅游资源是小精特的山地旅游资源，并且是三位一体的山地旅游资源，体现为山地资源与民族历史文化的有机融合，具有明显的山地文明特征。旅游业作为贵州经济社会发展的三块长板之一和贵州未来重点培育的五大新兴产业之一，其发展方向和模式必然要由贵州山地旅游资源禀赋决定。贵州立足小精特发展山地旅游是由贵州山地旅游资源特色所决定的。

2. 旅游发展基础是贵州发展小精特山地旅游的底气

立足市场多元化需求，贵州推出了一批以生态景观为载体的城郊休闲型、以自然气候为吸引物的避暑度假型、以民族村寨为特色的民俗陶冶型、以特色农作物采摘为主导的体验型等旅游产品；依托自然生态、文化遗产、特色农业、民族村居，打造了雷山西江、贵定音寨、平坝天龙屯堡、丹寨石桥、黎平肇兴、桐梓九坝、余庆松烟等一批知名旅游品牌；实施旅游商品品牌提升工程，每年评选一批"名酒""名茶""名优水果""名优蔬菜"；大力提升旅游服务质量，促进旅游服务规范化、智能化、品牌化，严厉查处扰乱旅游市场秩序的违法违规行为；大力改善旅游基础设施和配套服务设施，加大生态环境保护力度，保护好贵州的青山绿水，为全域旅游营造良好环境；加大旅

---

[1] 孙东峰：《基于PPT战略的县域旅游业发展研究》，天津大学博士学位论文，2008。

游策划营销力度，策划系列重大活动，开展全方位宣传，实行精准化营销，进一步提升贵州旅游的影响力、吸引力，旅游外宣交流合作成效明显，贵州省已与20个国家和地区建立旅游合作关系，2016年被《纽约时报》评为世界52个必去的旅游目的地之一。

3. 旅游需求个性化是贵州发展小精特山地旅游的导向

旅游需求是目的地旅游发展方式的风向标。伴随着社会经济的发展和人们收入水平的提高，旅游者的需求也朝着多样化和个性化的方向发展，内容上从传统的观光旅游向自助游、自驾游、体验旅游、休闲度假游、康体疗养游转变。人们越来越青睐于深层次的旅游体验，个性化的旅游需求将催生新型旅游业态，传统的旅游产品必将面临转型升级。特色化、精品化、差异化旅游产品成为旅游市场需求的主流，山地旅游、避暑度假、康体养生、养老养心等高层次、精品化旅游产品市场需求日益增大。调查显示，2014年以生态、休闲、体验、度假、康体、避暑为出游取向的游客占贵州省接待游客总量的七成以上，2015年入黔游客75%以上以生态休闲、文化体验、康体度假及避暑为主。

旅游产业是贵州培植后发优势、奋力后发赶超的优势产业、转型发展的战略性新兴产业，推进旅游供给侧结构性改革，是贵州省供给侧改革的重点，推进供给侧结构性改革也是"十三五"时期发展的重要任务。随着交通等基础设施的不断改善，贵州旅游业呈现出越来越强劲的发展势头，转型升级和融合发展作为做大做强贵州旅游业的重要手段，推动贵州从旅游大省向旅游强省转变。发展小精特山地旅游有利于推动旅游业与新型城镇化建设融合、与发展现代山地高效农业融合、与加强生态环境保护和美丽乡村建设融合，有利于不断创造新的旅游产品、加快形成新的旅游业态，培育和提升旅游产业核心竞争力，有利于打造一批高品位旅游景区，形成全方位、宽领域、多层次的大旅游格局，满足入黔旅游者不断变化的旅游需求。

第三章

国外山地旅游案例发展分析

一 世界山地资源及山地旅游概况

一般认为，山地（mountain）包含两个层面的含义：一是狭义角度的山脉及其分支的概念，即地面形成的高耸的部分，二是广义角度的山脉及其周边地形和环境的概念，通常包括高原、山间盆地和丘陵。由于地壳运动等一系列因素的存在，山地在海拔、气候、土地、植被等方面不断发生变化，因此难以对山地区域特定山体的特征进行界定。按照世界惯例，山地一般是指海拔在300米（984尺）以上的山体区域，且可以通过对山地区域的生命带进行区分来代替其模糊性定义，各生命带按海拔高度由低到高依次为：雨林（rainforest）、低湿林（lowland forest）、山地森林（montane）、亚高山带（subalpine）、高山带（alpine）。整体来看，山地约占全球陆地面积的24%，覆盖世界各大洲，且包含世界各大主要的生态系统，如沙漠、热带森林、极地冰盖等，世界范围的主要山脉如表3-1所示。

表3-1 世界范围的主要山脉

地 区	山 脉
北美洲	阿拉斯加山脉（美国）、阿巴拉契亚山脉（美国）、布鲁克斯山脉（美国）、海岸山脉（美国和加拿大）、落基山脉（美国和加拿大）、马德雷山脉（墨西哥）
南美洲	安第斯山脉（阿根廷、智利、玻利维亚、秘鲁、厄瓜多尔、哥伦比亚）
欧 洲	阿尔卑斯山脉（中欧）、高加索山脉（乌克兰）、斯堪的纳维亚山脉（挪威）、比利牛斯山（法国、西班牙）、托罗斯山脉（土耳其）、喀尔巴阡山（东欧）、乌拉尔山脉（俄罗斯）
非 洲	阿特拉斯山脉（摩洛哥、阿尔及利亚）、水晶山（加蓬、刚果、赞比亚、安哥拉）、德拉肯斯堡山脉（南非）、米通巴山脉（赞比亚）

续表

地区	山脉
亚洲	阿尔泰山脉（蒙古），喜马拉雅山脉（阿富汗、巴基斯坦、印度、尼泊尔、中国），天山（塔吉克斯坦、乌兹别克斯坦），札格洛斯山脉（伊朗）
大洋洲	大分水岭（澳大利亚）、南阿尔卑斯山（新西兰）

资料来源：Tourism and Mountains：A Practical Guide to Managing the Environmental and Social Impacts of Mountain Tours. United Nations Environment Programme，2007。

近代山地旅游于19世纪初零星兴起于自然环境优越、交通条件较好的专门气候疗养地，该阶段的旅游者主要以康体和疗养为出游目的。随着社会经济的持续发展和需求的不断推动，山地旅游供给逐步多元化，游客目的、旅游活动形式和旅游业态表现形式也逐步丰富和完善。依据山地的两个层面内涵，山地旅游也具有其对应性含义：一是山地旅游是指山地资源作为旅游吸引物，同时配合其他景观共同构成了旅游业发展的资源依托，这种情况多指围绕具有较高市场认可度和知名度的单一山体资源和周边资源开展的旅游活动，如阿尔卑斯山。二是依托山地独特的自然环境和文化开展的特色旅游活动和附加旅游活动，如山地休闲度假、山地户外运动、山区的农耕与民族文化体验等，这种旅游活动多在单一山体不突出、山地地形分布较广的区域开展。因此，从世界山地旅游发展的整体来看，在不同的含义背景下，山地旅游开发和发展往往依据不同地区独有的地理、水系、植被等资源优势和文化优势而形成不同的发展思路。基于上述，本部分内容遵循以下逻辑：首先，以瑞士、尼泊尔和泰国为例，对多山地区的山地旅游发展情况进行介绍，着重于其发展概况、管理与协调机制、社区参与等，以为贵州省山地旅游成片发展提供可行的思路借鉴；其次，以阿尔卑斯山为例，对其政策网络体系、跨国公约和合作机构、多元化市场主体进行梳理分析，以为贵州省山地旅游在制度推进和市场培育方向提供参考；再次，以上述案例为基础，同时以国外其他地区的做法作为辅助说明，归纳总结国外山地旅游发展的重要要素构成，主要包括制度推进、文化整合、社区参与、可持续发展、发展历程与活动类型等。

二 国外山地区域的旅游发展状况

在地区发展中，山地区域由于其特殊的地形和天气状况而往往被认为是经济发展的不利因素，山地地区长期以来也因此而呈现出发展相对落后的状况，然而，随着旅游活动的不断丰富，人们对求新、求异、求奇等休闲活动方式的兴趣日益提升，同时，山地区域丰富的自然资源和独特的峡谷地貌、复杂气候变化等越发构成了现代旅游活动的重要依托和要素支撑，山地旅游方兴未艾。换言之，综合带动性较强的旅游业逐渐成为山地地区经济社会发展和人口脱贫致富的重要途径，同时，为更好地促进山地旅游业发展而形成的各种治理体系也不断推动着山地地区的可持续发展，并不断通过创造条件来提升本地区山地旅游产品特色和扩大市场发展机遇。基于此，为了进一步探求不同山地地区旅游业发展的状况及围绕旅游业发展所进行的各种制度创新，并依此对不同发展模式进行比较，本文选取极具特色、发展思路可借鉴的三个地区，分别对其山地旅游发展状况进行分析。

（一）瑞士

1. 瑞士概况及山地旅游发展情况

瑞士面积4.13万平方公里，主要分为三个地形区：中南部的阿尔卑斯山脉，占总面积的60%，中部高原占30%，西北部的汝拉山脉占10%。瑞士拥有48座海拔在4000米以上的山峰，1484个湖泊。瑞士现有人口约800万，文化信仰多元化。据2015年统计，大部分居民为基督教徒，其中38%为罗马天主教教徒，27%为新教徒，此外5%为伊斯兰教教徒、0.5%为佛教教徒、0.3%为犹太族，无宗教人士占21.4%。瑞士是高度发达的工业国，实行政府尽可能少干预的自由经济政策，对外主张自由贸易。瑞士经济的重要支撑之一是高级的熟练技工，主要集中在微技术、高科技、生物技术和制药以及银行和保险业领域。整体来看，在瑞士工作的大部分人在中小型企业工作，这些企业在瑞士经济中扮演着极为重要的角色。

瑞士是世界旅游业最发达的国家之一，享有"世界花园"的美誉，2015年接待入境游客11.84亿人次，外汇收入157亿瑞士法郎。山地旅游在瑞士发展起步较早，18世纪80年代，浪漫主义和人本主义盛行于欧洲，文人骚客们发起了重归大自然的号召，遂使登山和滑雪运动成为时尚。随着时代的不断发展，山地旅游形式和游客旅游动机也随着当时的历史发展背景而呈现出不同特征。随着交通改善可进入性增强和基础设施的逐步完善，大规模的旅游活动逐步爆发。基于其景观的多样性，瑞士山地地区的旅游活动也较为丰富，如其活动范围可以分为山峰区、湖泊区、冰山区、文化村落区等。代表性活动和项目主要包括以下类型。①

（1）国家公园。最负有盛名的瑞士国家公园位于恩嘎丁河谷，于1914年建立，有着100多年的历史，是阿尔卑斯山区最古老的公园，公园占地面积超过170平方公里。作为一个自然保护区，该区域未被开发的自然景色被完好地保留了下来，并不受人类的影响和侵害。此外，还有ParcAdula公园和Parco Nazionale del Locarnese公园正在申请成为国家级别的公园。除国家公园外，瑞士还有14家区域性的自然公园和1家自然探索公园，这些公园均得到了自然文化遗产保护法的认

---

① 瑞士国家旅游局，http：//www.myswitzerland.com/zh-cn/home.html。

证。以上18个公园占瑞士国土总面积的14.8%。

（2）山地徒步步道。截至2014年，瑞士共有徒步步道超过65000千米（见表3-2），这在世界范围内居首位，这些步道均受法律保护，且具有官方引导标识。徒步产业涉及多个领域，如交通、山地交通、餐饮、住宿、登山设备等。登山是瑞士最受欢迎的休闲体育项目，即使在国内，近一半的15~74岁人群表示他们是登山运动的积极参与者。

表3-2 瑞士各地区登山步道情况

单位：千米

地　区	总步道长度	铺设步道	山地步道
瑞士东部	19508	4101	11169
瑞士高原	15273	4660	2640
日内瓦湖区	12279	2761	3425
瑞士中部	8247	2172	3068
提契诺	4352	612	3405
苏黎世	3037	1031	12
瑞士西北部	2762	961	7
总　和	65458	16298	23726

资料来源：Swiss Tourism in Figures 2015: Structure and Industry Data, Swiss Tourism Federation。

（3）冬季运动。滑雪是冬季运动的一个代表性项目。瑞士滑雪运动在20世纪曾达到顶峰，但自20世纪80年代以来，随着诸多零散运营商对同一山体的重复开发，许多经营主体难以维持正常运营，加之世界各国人口结构变化及2009年经济危机，滑雪产业与之前相比并未取得较大飞跃。现在，瑞士滑雪仍吸引了较多国外游客，主要来自德国、英国、法国、意大利和荷兰等。为更好地实现产业配套，瑞士共有152所滑雪学校，包括约4000名的滑雪指导员，尤其在滑雪旺季，指导员人数可高达7000人。

(4) 夏季运动。在夏季，游客在瑞士的活动范围较为广泛，以景观观赏和多地区互动体验为主。景观观赏包括各种山体资源、水体景观、动物园、博物馆等。互动体验类的夏季运动也包含多种类型，如滑翔伞、卡丁车、水上漂流、独木舟、滑道、滑板车、岩洞探奇、山地自行车、北欧食健行、摩托车、攀登、高尔夫等，主要分布在各大景区和山地区域内。

2. 瑞士山地旅游的管理机制

将瑞士旅游业发展与地方经济发展结合起来看，高度专业化及运作机制灵活的中小企业是瑞士经济发展的主力。具体来看瑞士旅游业的管理，主要实行协会管理、企业为主体、政府扶持的市场化运作机制。在具体的管理上，政府主管部门只是对旅游业实行宏观管理，且负责基础设施建设，如远足路线、机场、铁路等，而与旅游业相关的大量行业协会、组织机构及研究机构承担了政府的许多职能性工作，旅游企业均为私营企业，负责具体的旅游业运营及旅游产品的开发。社区居民深度参与旅游开发。各主体关系如图 3-1 所示。

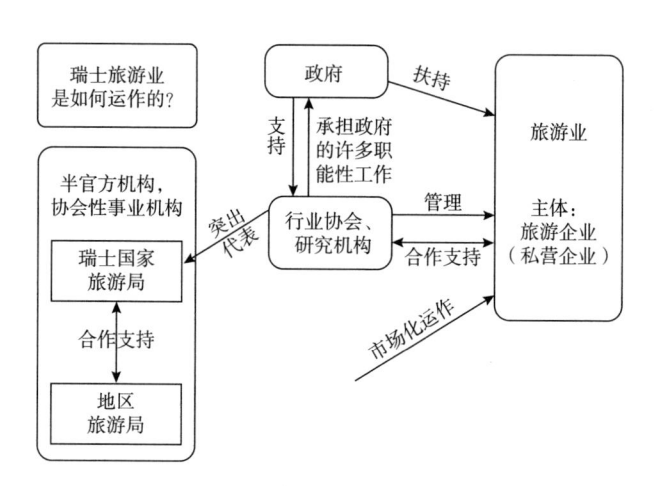

图 3-1 瑞士旅游业运作机制

资料来源：度假智库。

具体来看，各主体的分工如下。

（1）政府。总体来看，瑞士旅游政策的目标并不是对市场进行规制，而是通过创建有利于行业发展的框架体系来鼓励具有竞争力和可持续性的旅游发展。由于瑞士山地资源较多，政府为当地旅游业制定了严格的可持续发展战略。一方面对旅游资源进行合理开发，另一方面避免和减少旅游业发展过程中对环境可能造成的危害。此外，政府在旅游质量管控方面发挥着重要作用，如为了鼓励地方旅游业的健康发展，瑞士推出了"质量管理计划"（The Quality Programme），这促使旅游相关从业机构和人员可以不断地对其服务质量进行自我检查和不断完善。与我国不同的是，瑞士国家旅游局是一个协会性事业机构，属于半官方机构，主要负责协调国内旅游业界、对外代表瑞士从事国家级的旅游推介工作。

（2）协会。以徒步步道为例，瑞士设有"瑞士登山步道联合会"（Swiss Hiking Trail Federation），旗下共有26个州、市级别的登山步道组织。联合会对州市级别的各组织和约45000名会员提供支持，负责国家层面的资金募集、登山相关活动的信息发布等；而所有的协会和组织不仅负责区域登山活动的推广，还组织一些有趣的登山徒步项目，同时维护登山者的权益。

（3）社区居民。社区居民参与包括社区权利和社区参与两个方面。一方面，依据联邦法规，任何旅游工程的实施必须由当地人以民主形式同意后才能开展；另一方面，旅游业成为诸多社区的重要谋生手段。在瑞士的很多高山地区，旅游业是当地居民的一项重要的收入来源，甚至成为从外界获取收入的唯一来源，如瑞士伯尔尼格林瓦德村的居民绝大多数直接或间接参与旅游产业经营。多样化的旅游供给主体和产品形式也吸引了不同需求的人群。旅游业为当地的露营营地、农家乐等个体经营创造了巨大的收益。

（4）多方协作。在瑞士法律和区域自行管理的协调和统一上，以瑞士山地旅游法为例，其旨在通过对基础设施、装备项目、土地获取、工艺品、贸易等方面的投资来改善山地发展环境，同时也会为社区通信、道路、水资源、垃圾处理、学校、专业培训、娱乐、公共健康、文化体育等提供支持。而关于工艺品和贸易的土地获取权则交给自治区域和当地的非政府组织。此外，瑞士的法律是面向"区域"层面，每个区域由地理上和经济上紧密相连的"自治区域"构成，因此每个区域内部具有文化的相似性和规划的一致性。一个区域的人口演化、长期容纳能力、综合设施都会成为衡量一个地方的发展是否被鼓励和支持的标准。

（二）尼泊尔

1. 尼泊尔概况及山地旅游发展情况

尼泊尔面积为 14.72 万平方千米，可分为三个区域：北部喜马拉雅地区、中部山区及南部特莱低地，且陆地面积的 83% 为山地，尼泊尔共有珠穆朗玛峰、干城章嘉峰、洛子峰、马卡鲁峰、卓奥友峰、道拉吉利峰、玛纳斯卢峰、安纳普尔纳峰 8 个 8000 米以上的山峰。截至 2016 年尼泊尔共有人口约 2850 万，其中 86.2% 信奉印度教，7.8% 信奉佛教，3.8% 信奉伊斯兰教，2.2% 信奉其他宗教。尼泊尔作为一个农业大国，基本没有现代化工业体系，国家经济基础极为薄弱，经济落后，是世界上最不发达的国家之一。20 世纪 90 年代初期，尼泊尔开始实行以市场为导向的自由经济政策，但由于政局多变和基础设施薄弱，收效不彰。但近年来，尼泊尔被公认为创新发展脱贫的开拓者及可持续旅游的典型，如其实施的安纳普尔纳峰保护计划、农村旅游扶贫项目、喜马拉雅大环行项目等。

尼泊尔旅游业于 1949 年对外开放，但直到 1962 年旅游者人数才实现较为平稳的增长。旅游创汇是尼泊尔国家外汇收入的第三大来源。现阶段来看，其国际游客主要来自印度、中国、英国、美国、日本等。尼泊尔自然旅游资源和人文旅游资源丰富，除 8 个 8000 米以上的山峰外，6000～8000 米的山峰两百余座，世界自然和文化遗产 10 处，国家野生动植物保护公园 14 个，宗教及历史文化古迹不胜枚举。近年来，"度假和娱乐""朝圣""徒步和登山""商务会议"构成了尼泊尔入境旅游的四大主要目的，且徒步和登山旅行者占据较大比重，2012 年达到 10.5 万人次，但在 2015 年 4 月发生里氏 8.1 级地震后，这一类别的旅游者人数显著减少，2015 年降至 9162 人次，仅占总入境人数的 1.7%，如表 3-3 所示。

表 3-3　按出游目的划分的入境旅游人次

类别\年份	2015	2014	2013	2012	2011	2010
度假和娱乐	386065	395849	437891	379627	425721	263938
朝圣	14996	98765	40678	109854	63783	101335
徒步和登山	9162	97185	97309	105015	86260	70218
商务会议类	51393	70321	86142	68891	52749	57378
其他及未分类	77354	127999	135595	139705	107702	109998

资料来源：Nepal Tourism Statistics 2015。

尼泊尔的山地旅游起源于 20 世纪 50 年代和 60 年代的登山运动，但仅依靠登山运动的旅游业发展对当地经济及外汇收入所产生的带动作用十分有限。20 世纪 60 年代和 70 年代开始出现了以"消遣和观光"为目的的旅行者。与此同时，山地区域的一系列"障碍要素"反而受到以徒步和登山运动者为代表的求新求异人群的青睐，以尼泊尔地震前的 2014 年各山峰登山徒步为例，人数分布如表 3-4 所示。因此，地方政府开始意识到旅游业可能会给贫困边远地区带来生机，并采取了一系列促进措施。事实上，山地旅游活动的多元化极大带动了当地经济的发展，据《2015年尼泊尔旅游统计年鉴》统计，即使在入境人数减少的情况下，2015年入境游客的平均停留时间仍长达13.16天。为了对旅游业实行有效管理和减少环境破坏，当地从1976年开始成立了一系列国家公园、自然保护区及其他保护区。当前，尼泊尔的山地旅游主要形式有：登山、徒步、国家公园、漂流，并辅以山地区域的一系列其他活动。

表3-4 2014年尼泊尔各区域的徒步人数

区域	人次	区域	人次
木斯塘	3883	干城章嘉峰	777
多尔帕低地	1117	T. Valley	1454
多尔帕高地	469	Narphu	776
胡姆拉	492	其他	2333
马纳斯鲁峰	3764	总和	15065

（1）登山。喜马拉雅山作为尼泊尔山地旅游的重要依托，对诸多游客构成了巨大的吸引力，游客包括探险家、朝圣者、哲学家及科研人员等。除喜马拉雅山之外，尼泊尔境内还有其他7个8000米以上的山峰和若干不同高度的山峰，对登山者开放的共有153个。众所周知，在世界海拔前10位的山峰排名中，尼泊尔占8个，因此登山爱好者均喜欢去尼泊尔。尼泊尔向登山个体和团体收取一定费用并存入国家中央金库，其中135个由旅游和民航部收取，18个由尼泊尔登山协会收取。

（2）徒步。与登山不同，尼泊尔除个别受管控和规制的区域外，大部分区域对徒步活动是不收费的。与国外多个地区的徒步不同，尼泊尔的徒步与其说是一场探险之旅，更是一场文化之旅。在徒步过程中，游客可能会经过多民族聚居的漂亮村落，如会看到萨特利族农民在田间耕作、塔芒族牧人在陡坡上放牧、廓尔喀士兵回家休假、夏尔巴赶牦牛者途经高山运送货物等。此外，为了吸引更多的徒步游客及适应这一巨大的市场需求，尼泊尔设立了大量的徒步步道，当地也设有诸多与徒步相关的运营机构，这些机构可以为游客提供全方位服务，如办理行政手续、预订机票和车票，提供导游、餐饮、搬运工、帐篷等。截至 2015 年，尼泊尔共有 2016 家徒步机构及 10705 名徒步导引人员。

（3）国家公园和保护区。国家公园和保护区为游客提供了多样化的探险项目，如登山、高崖跳伞、空中滑翔、徒步、大象游猎、独木舟、木筏、越野车丛林探险、自然旅行等。2015 年去往国家公园和保护区的外国游客有 384321 人次。

（4）漂流。对游客而言，漂流是感受尼泊尔当地自然景观和多民族文化的最佳路径之一，河流沿岸会有丰富多彩的文化活动。外国游客在开启河上旅程前，也需要经过相关的审批手续并支付相应费用。

（5）其他活动。除了传统的山地项目外，尼泊尔各地还开展了丰富多彩的其他活动，如骑行、探险、野生动物及民俗古建筑观赏、宗教朝圣等。如对于时间有限的游客，相关机构可提供飞机飞越各高峰的服务；对于想要到达特定地方的人群，如喜马拉雅山的偏远角落，可提供降落占地面积较小的直升机服务。

2. 尼泊尔旅游发展管理模式[①]

尼泊尔的旅游相关主体主要包括四种类型：政府机构、政府平行机构及地方机构、尼泊尔旅游局、私营企业。自 1956 年起，尼泊尔政府的旅游发展主要以其制定的旅游发展五年规划为依据。文化、旅游与民航部主管本国旅游事务，负责研究拟定旅游业发展方针、政策和

---

① Integrated Tourism Concepts to Contribute to Sustainable Mountain Development in Nepal, Ester Kruk, Hermann Kreutzmann and Jürgen Richter, 2009.

规划以及负责行业管理审批等行政事务，即政府机构主要发挥监管功能，其次是制定发展战略，但这方面职能主要分配给地方政府主体，如村庄发展委员会和地区发展委员会。为推动山地旅游发展，政府也采取了一系列措施以维护其可持续性。旅游业的宣传推广主要由尼泊尔旅游局和国家层面的旅游组织承担。私营企业则负责具体的运营，旅游业的具体发展主要依靠私营和个体部门。与此同时，多个非政府组织及国际非政府组织也参与不同的旅游管理。非官方旅游机构如尼泊尔旅游委员会、尼泊尔旅游和旅行代理商协会、尼泊尔饭店业协会、尼泊尔徒步协会、尼泊尔登山协会等，在开拓市场、促进规范行业发展等方面积极发挥着重要作用。为了更好地了解一些非政府组织在尼泊尔旅游管理中实施的管理，以及这些组织如何在各自上级管理机构监督下产生收益和进行项目投资，本部分从管理主体及受益人群的角度进行划分，管理模式可分为三种类型：组织机构运作、组织机构和社区团体共管、社区团体运作。

（1）组织机构运作：以尼泊尔登山协会为例。尼泊尔登山协会成员大部分由旅游企业和从事山地旅游的人员构成。该协会被授权管理、宣传众多山峰并可以从中获取收益。对部分山峰（海拔高度为5587～6654米）而言，想攀登高峰的个体及团体需要经过尼泊尔登山协会的同意。总体来看，登山协会收入来源包括外界支持及内部创收，具体包括：探险队收入、会员费、捐赠、山地博物馆门票费及其他费用。虽然该协会在尼泊尔政府的支持下具有较高收入，但地方山地社区并不从中直接获益，或者说协会中没有直接面向社区的项目。

（2）组织机构和社区团体共管：以安纳普尔纳峰/玛纳斯卢峰保护区项目为例。安纳普尔纳峰保护区是尼泊尔最大的保护区，保护区内有超过10万拥有多元文化的土著居民。该区域每年吸引前来尼泊尔徒步旅游人数的60%左右。保护区由国家自然保护信托组织（NTNC）

进行管理。安纳普尔纳峰保护区项目是 NTNC 的下属项目,该项目由保护区管理委员会开展和实施。委员会遍布整个安纳普尔纳峰保护区,每个委员会制定各自保护区域的管理运营计划。在管理实施过程中,组织机构和社区团体不可避免会存在一些冲突,但均可以通过协商解决。

(3)社区团体运作。社区完全所有的管理模式也是尼泊尔旅游发展的一大特色,在这一模式主导下,社区居民具有获得收益的权利。以住宿设施为例,2015 年社区共有旅馆 217 家,其中 43 家为私人拥有,包括 136 个房间和 240 个床位。除收益权外,社区居民还拥有相当的决定权。整体来看,社区完全所有的管理模式包括四个方面的内容:社区参与管理组织、社区群落旅游发展组织模式、保护区社区经营、环境保护与可持续发展,以下将以不同的案例为代表分别对这四个方面进行介绍。

①缓冲区管理委员会:该委员会旨在将经济发展与社区发展进行有效协调和融合,即将保护区收益与当地居民进行分享,并使当地居民参与自然生态保护和保护区管理。委员会的收入中,30%分配到生态保护,30%分配到社区发展,20%分配到日常收益活动,10%分配到环保教育及行政管理中。

②Sirubari:一个拥有 37 户家庭、300 个居民的山村。该山村在发展旅游业方面具有较强的积极性和主动性,且成立了村庄旅游发展委员会,每个家庭都是该委员会的成员,且具有对委员会领导者的选举权。该委员会的职责包括:宣传推介本村旅游;各户间游客的分享管理;团队游的组织;为游客开展文化娱乐活动等。该村形成的基于地方群落的乡村旅游发展模式是尼泊尔山地旅游发展的先驱,是促使旅游业与地方经济环境发展相适应的微观实践。

③干城章嘉峰保护区:尼泊尔唯一一个由地方社区,即干城章嘉

峰保护区管理委员会管理的保护区。国家公园及野生动物保护部门向每位前往干城章嘉峰的游客收取2000卢比，并将其中的一半资金批给该委员会，尼泊尔野生动物基金会也会提供资金支持。

④萨加玛塔区污染控制委员会：该委员会的活动主要是对垃圾进行合理的处理。委员会的合作者主要包括：以社区为单位的组织、地方居民、青年团体、妇女团体、环保俱乐部森林使用探险者团队等，如探险者团队的任务是将可燃垃圾与非可燃垃圾分类带回。

除以上内容外，社区参与还体现在相关活动的支持上，如技能培训、女性培训等内容，如联合国发展项目对朗塘国家公园的SyabruBesi村实施了一个长达两年的品质旅游合作培训，该项目主要开展一些短期的活动和引进一些产生收益的项目。在女性参与方面，朗塘国家公园的职能较多，如旅游收益的管理和分配、可持续旅游的推广、出台社区保护措施、语言培训、社交鼓励等。

3. 可持续发展路径

可持续发展主要体现在两个时期的转变：一是发展初期，随着登山徒步者的增多，游客对环境及社会文化的影响开始日益显现，因此尼泊尔开始成立国家公园和各类保护区。二是从现时期来看，以尼泊尔登山协会的规定为例，登山个体及团体不准从事有悖于当地风俗、宗教、政治、社会及文化传统的活动；在搭建帐篷方面，游客需在尼泊尔国家认可的场地或经过当地居民同意的地方搭建帐篷。

（三）泰国北部

1. 泰国北部简介及山地旅游发展情况

泰国拥有三十多个民族，其中近二十个少数民族都居住在北部山区，这些民族大部分还保留着各自传统而独特的民族文化，形成风情各异的民族村落。泰国北部主要由连绵的群山构成,平均海拔 1200 米,由屏河、旺河、尤河和难河流域形成的山谷如经过雕刻般具有独特的地形,这些山脉大部分仍被热带雨林植被所覆盖。对北部山地区域而言,依据传统民族文化划分为三个部分。这种方法依据海拔高度将北部地区划分为:高地、中地和低地,不同的区域具有明显的种族划分和土地使用模式差异。

北部山区的生态旅游起源于 19 世纪 80 年代,当时称为"山地部落旅游"。即使是现在,泰国北部山区群山起伏,丛林密布,河流贯穿,其独特的自然环境和民族风情使其成为发展山地民族生态旅游的胜地。[①] 该区域的旅游主要依托高山部落,该部落由大约 20 个不同文化的种族构成,且以其中的六个种族为旅游核心吸引物。旅游业对北部山区的改变主要包括四个方面:①大部分去北部旅游的游客进行高山徒步活动,这就对高地村庄的住宿有较大的需求;②对于诸多贫困家庭而言,手工艺品的售卖成为他们获取收入的重要来源,这些活动主要集中在村庄、沿山公路的市场、旅游城市等;③自20世纪 90 年代以来,诸多开发商开始建造迎合国外游客高层次需求的设施及打造针对国内的休闲目的地;④国家公园的建设和成效。[②]

2. 管理体制与社区参与

在经营主体上,除了国家公园和国家政府提供的高层次消费外,私人部门尤其是小型和中型企业占据了相当大的部分。通常来看,社区参与包括三种模式:①社区拥有和管理企业。所有的社区居民轮流服务于该项目。②具有积极性的家庭或小团体自发建立企业。③社区或家庭与外界企业联合推进。通常来说,这种模式是私人部门或非政

---

① 黄非亚、陈小妹:《浅论泰国北部山地民族生态旅游》,《中南民族大学学报》(人文社会科学版)2002 年第 2 期,第 105~107 页。

② Cross-Sector Linkages in Mountain Development: The Case of Northern Thailand.

府组织提供资金、培训和市场推广等方面的支持,而本地居民提供土地、劳动力及对当地的环境和文化历史进行讲解。随着双方合作的不断推进,技术、权力及责任会从私人部门逐渐向社区转移。这种方式在泰国北部最为普遍,但在某些地方也会遇到一些问题,如社区居民参与热情不高,或社区不能被充分赋权,有些村落即反映社区居民从旅游中获取的收益难以抵消游客对当地环境的破坏。

3. 旅游资源与活动类型

该区域在发展旅游的过程中较好地保护了当地的民族生态资源,其旅游类型主要以部落村庄游和丛林旅游为代表。由于其特殊的地形和文化特质,该地区的徒步兼具冒险、文化和生态等多种特征。泰国北部最大的中心城市是清迈,其次是夜丰颂,多数去往夜丰颂的游客也会同时选择雇用当地导游前往附近的山村,如 Tom Lod、Huay-PuKeng 和 Mae Aw。从活动类型看,泰国北部地区的旅游活动类型包括多个方面,如艺术、文化和遗产;教育场所;自然和野生动植物;朝拜场所;娱乐和休闲;皇家项目;购物;温泉和康体;郊区居住;葡萄酒酿造等。

(1) 历史文化场所。清迈的寺庙和素可泰的历史遗迹是泰国北部地区的主要文化吸引物。

(2) 徒步。徒步是泰国北部最受欢迎的活动之一,当地多样化的徒步路径可以满足不同游客的需求,如高山徒步、文化徒步、山谷徒步等。且许多徒步旅行过程也涉及多种其他活动,如漂筏、骑象等。

(3) 志愿活动。志愿活动也是许多游客在当地开展的活动,游客通过志愿活动中接触当地居民和儿童,可以真切地感受到地方文化。该项活动一般持续数周或数月。

(4) 丛林游。一是标准丛林游,包括一些要经过三天的长途跋涉才能到达的村庄,这些村庄位于谷河的北部,属于不同的部落或民族;

二是特殊丛林游，包括旅游者所进入的其他高地地区，如傈僳班迈（Lisu Ban Mai）、傈僳桑索（Lisu Sam Sao）和多唐（Doi Tung）地区的阿卡（Akha）村与拉枯村。

(5) 高山部落及村落旅游活动[①]：对泰国北部来说，高山部落的生活方式构成了当地的一项重要的旅游吸引物。7个主要的高山部落主要从中国西藏和缅甸移民而来。

①Tom Lod：该地区居民在当地来看，并不属于少数民族，且该地区的主要吸引物仅是一个包含河流的洞穴。大部分居民仍维持原有的农耕生活，但每户家庭中至少有一男一女从事与旅游业相关的工作，如女性一般引导游客穿越洞穴，而男性一般为深入洞穴的游客提供竹筏服务。自20世纪90年代初期，该村居民形成了一个合作性质的网络，通过该网络他们不仅可以在旅游业发展上以较少的力气成本来维持服务的较高供给价格，还可以组织一系列活动及与政府合作。

②Huay PuKeng：该村居民主要是来自缅甸的难民，大多不拥有泰国国籍，且只有30%拥有永久居住权。大部分男性在附近的农场从事体力劳动，而女性则离家售卖旅游纪念品。由于多数女性脖子上佩戴有黄铜制的颈圈，因此当地给外界留下的旅游印象是"长颈女性"。该地的旅游收入主要来自面向国外游客的门票销售及面向所有游客的纪念品销售及家庭旅馆。

③Mae Aw：该村庄是一个国民党村落，是1949年解放战争后从中国迁移过去的中国居民。因此，该地居民同泰国其他地区居民不同，仍保持着中国的文化传统。大部分居民以种植大米和茶叶为生，随着

---

① R. Geoffrey Lacher & Sanjay K. Nepal（2010），From Leakages to Linkages：Local – Level Strategies for Capturing Tourism Revenue in Northern Thailand, Tourism Geographies, 12：1, 77 – 99.

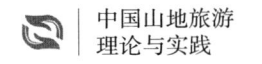

旅游业在当地的发展，当地开设了许多面向游客的餐馆、商店和旅馆。灵活的头脑使当地居民开发出了不同于其他地方的活动类型，如骑马、监狱参观、水果酿酒厂等。

三 国外著名山地旅游目的地——以阿尔卑斯山为例

阿尔卑斯山位于欧洲中南部，绵延 200 千米，平均海拔约 3000 米，总面积大约为 22 万平方公里。基于其覆盖范围的广泛性，阿尔卑斯山脉贯穿的国家较多，如法国、摩纳哥、瑞士、意大利、列支敦士登、德国、奥地利和斯洛文尼亚 8 个国家。其涉及的人群民族种类较多，如何形成全景开发和共同参与的集体行为模式，需要微观和宏观的制度设计和协同运作。结合其发展历史及现状来看，其完善的政策体系和严谨的跨境主体合作也为当前全域旅游开展提供有益的借鉴。

（一）政策网络体系

根据政策制定主体的不同，山区政策可分为国家政策、欧盟政策、国际公约 3 种类型。政策制定的出发点不同，政策的重点和实施范围也不一样。总体来说，国家层面政策以国家或国内特定地区为范围，政策内容最为多样，既有综合性政策，也有专门性政策，内容不仅涉及山区传统产业的保障和补偿，还包括多元的经济发展；欧盟层面的政策主要是通过对欠发达地区（大部分山区属于这个地区）的补偿来实现，政策内容多围绕第一产业发展和基础设施建设。国际组织作为一种非政府力量，主要通过国际公约的形式对整个山区的可持续发展、环境保护等问题予以关注。此外，还有各种跨国工作团体对涉及多国利益的具体问题进行协调。

阿尔卑斯山地区国家传统的山区政策基本上是以农业为中心；

1960年之后，山区政策逐渐从单一的农业部门政策扩展为包括经济、基础设施以及环境等多方面的跨部门政策；1970年之后，一些国家将跨部门政策进一步综合成国家层面的山区政策。欧盟为了减少地区之间尤其是和弱势地区的差异，制定了一系列与山区相关的法案和计划，涉及农业、林业、交通、环境等方面。总体来说，欧盟的山区政策经历了传统政策（农业、林业）的转变、基础设施政策的加强和新增环境政策的发展过程，对于山区的影响也从传统的保护补偿拓展为多元的发展引导。

（二）跨国公约和合作机构

由于阿尔卑斯山覆盖了多个国家和地区，在发展过程中涉及多方利益的协调，跨国机构和国际组织由此孕育而生，其中最具代表性文件与机构的是《阿尔卑斯公约》和位于多国边境交界的跨国合作机构。《阿尔卑斯公约》（Alpine Convention）于1995年生效，是由阿尔卑斯地区的8个国家与欧盟联合签订的具有国家效力的文件，目的是保护阿尔卑斯山地区并实现可持续发展，它包括一个框架条约和有关自然保护、景区管理、山区农业保障、地区规划和可持续发展、山区森林保障、旅游、土壤保护、能源及交通等9个具体实施协议。阿尔卑斯山区的中、东、西部从1970年代起逐步创建了区域工作团体，在两国或多国毗邻地带的著名游览区也成立了类似机构，如表3-5所示。

表3-5 跨区域合作机构

类型	机构名称（合作地区）	创建时间	参与国家
区域工作团体	中阿尔卑斯山区	1972年	奥地利、意大利、瑞士、德国
	东阿尔卑斯山区	1978年	奥地利、意大利、克罗地亚、匈牙利、斯洛文尼亚
	西阿尔卑斯山区	1982年	法国、意大利、瑞士

续表

类型	机构名称（合作地区）	创建时间	参与国家
多国合作机构	布朗峰	1970~1980年	法国、意大利
	康士坦茨湖		德国、瑞士、奥地利
	日内瓦湖		瑞士、法国
	辛普朗山口	1990年之后	瑞士、意大利
	科摩湖		瑞士、意大利

四 国外山地旅游发展的经验启示

客观而言，由于世界山地地区众多、山地资源的差异化，加之山地旅游本身概念内涵的差异性，使山地旅游呈现出种类繁多、发展路径多样、制度创新多元、旅游产品丰富的诸多特点，本文在前述的内容中分别基于山地旅游发展中的典型案例、旅游活动构成、创新性的业务发展模式等视角对世界山地旅游发展的状况进行了多元化并富有立体感的比较分析，使读者对山地旅游发展有着更为全面的认识，并在此基础上通过由特殊到一般的归纳方法形成关于山地地区如何发展旅游、山地旅游如何发展，以及山地旅游如何更好发展的经验启示。

（一）发展路径基本坚持因地制宜的"小、精、特"到市场供求推动下的产品多样化的渐进模式

Promfret（2006）曾将山地活动的吸引因素归纳为挑战和冒险、放松和逃离、体现身份地位、解决问题（如线路探索、地形分析）、个人能力发展等。从山地旅游的功能来看，国外山地旅游的类型包括观光游览、休闲度假、户外运动、康体养生、生态旅游、文化体验、宗教朝拜、科普教育等。若结合后现代主义下人们的多元化需求，山地

区域的更多极富吸引力的要素在不断吸引更多人前往，如干净的空气、多样的景观、丰富的物种多样性、独特的文化等。综合国外山地旅游活动及项目来看，大多是围绕这些核心要素进行开展。这一共同的特点充分表明了虽然各国及地区围绕核心要素而形成的山地旅游目的地产品及品牌形象存在差异，但在山地旅游如何开展的路径上却具有殊途同归的相似性。

无论是瑞士的登山或滑雪运动还是尼泊尔的登山探险或徒步运动，都是从单一功能逐步走向多元化的综合功能。同时，这一路径表明了山地旅游的发展在初期阶段基本遵循的是偶然的市场机会和坚守的特色产品，在此基础上通过"小众影响大众""小窗口开启大市场"的发展思路来推动当地地区山地旅游业发展壮大。整体来看，这些活动主要依托某一地区独特知名的山岳或山地区域独特的地形，抑或不知名的山地连片区域，同时，在旅游吸引物构建中，则是山体景观与其他多元化景观的有效融合，如水体景观、农业资源等。这也从侧面证实了因地制宜地利用本地特色资源或文化风俗优势，在"小、精、特"的发展思路下，逐步形成富有影响力的山地旅游目的地是具有现实可行性的路径选择。其中，"小、精、特"既是指发展的切入口或主体规模要小——小山或小村落或多样化的小社区，又是指要依托某一特色的旅游资源而发展，抑或是指在精品化、精致化产品提供的基础上发展。归纳这一演进路径，山地旅游发展可以分为以下阶段：一是初步培育或维护具有本地特色的一或两种特色产品，产品的选择既可以结合偶然的市场机会（如尼泊尔的登山探险、阿尔卑斯山的滑雪），也可以从本地资源优势出发（如泰国北部山区的部落村庄游和丛林旅游）；二是随着市场需求的释放和市场机会的成长，供给侧的服务和管理，以及产品供给将开始多元化；三是产品体系丰富、管理制度科学和市场形象推

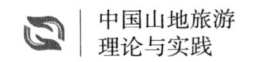

广；四是山地旅游目的地形象建立或特色的旅游产品或活动成为市场品牌。

对特定区域来讲，兼具单一性和多样性的山地旅游活动一方面打开了区域山地发展的窗口，另一方面也有助于在市场供求的共同推动下形成日渐多元化和丰富性的活动类型。结合以上案例，山地区域开展的主要活动类型包括：国家公园和保护区、徒步、登山、第二住宅及多样化的山地体验活动。基于不同的自然条件及资源禀赋，不同地区在活动类别上有所差异。若扩大范围，从山地旅游所依托的资源角度看，国外山地旅游类型包括：①自然之旅：如徒步、山地环行、山区度假等。其中，尼泊尔山地旅游的一大特色就是徒步。与国内相比，国外山地徒步发展已具有相当规模，且在路线设计、标识向导、安全管理、环境保护等多方面建设相对完备。②山地探险活动：如山地攀岩、岩降、水上漂流、空中滑翔（空中运动）等。目前来看，山地探险成为山地旅游共同的产品内容。③以水元素为核心的娱乐活动：如山地瀑布、湖泊、峡谷等。④以冰雪元素为核心的娱乐活动，如阿尔卑斯山脉所开展的各项冰雪活动。从产业间协动来看，其多样化的业态表现多为资源间的范围经济或者实现资源要素或旅游产品间的联动，打造全域联动的旅游生态系统。

（二）激励相容的制度设计——注重有利于不同行为体集体行动的激励相容的制度设计

制度推进是山地区域居民得以被赋权并积极参与地区山地旅游业发展的有效途径。一般而言，制度环境差异使推动山地旅游发展的整体协调人或主导者呈现出差异性，其中组织形式的差异化表现为自上而下"威权型"和自下而上"民主式"，但不可否认的是，形成联动不同主体的激励相容机制是至关重要的。综合国外发展经验来看，制度层面构建的主体一般包括政府、委员会、合作社（或合作企业）、私营企业、社区或社团以及非正式地区网络等，由于参与主体广泛，并相互尊重彼此利益关切和基于更好促进综合利益相互配合，在此基础上形成的制度或组织安排能够较好地促进山地旅游发展。从以上案例可以看出，山地旅游的健康发展需要从制度层面上构建有利于各司其职、协同协助、利益兼容的激励机制。

在山地区域制度设计和推进过程中，非政府组织引导、社区居民积极参与是一种常见的有效模式。这里再以塔吉克斯坦社区参与型山地旅游发展为例对该模式进行说明。塔吉克斯坦的东帕米尔高原由高海拔的沙漠、高海拔山脉及独特的自然和文化景观构成。2013年该地区接待了超过2000名的游客。2003年，该地区得到联合国教科文组织的支持，成立了穆尔加布生态旅游协会（The MurghabEcoTourism Association，META），旨在发展该地区基于社区的、具有可持续性的旅游。在成立之初的几年内，META作为一个旅游运营商存在。2012年，该协会转变成为一个自给自足的会员制旅游发展机构，其会员包括沿帕米尔高速公路的Alichur、Murghab、Rangkul和Karakul区域的旅游机构。截至目前，该协会包括40家家庭旅馆、20家帐篷住处、35家旅游运输公司和12家导游业务公司。此外，该协会还同etc4CA企业紧密合作推出培训课程、企业支持服务及各种社会项目。培训课程涉及旅游市场分析、游客满意度评价、旅游目的地吸引力维持等。企业支持服务包括个体资讯、旅游资源网络推广、社会媒体运营等；此外，为了解决当地小型经营主体难以购买（无论渠道还是价格都难以企及和承担）设备的问题，META购买了一系列露营和徒步装备，在旅游旺季时以较合理的价格租赁给当地的司机和导游。在社会项目方面，META在旅游方面所做的工作主要是扶贫和促进社会平等，如通过网站售卖当地的手工艺品，并鼓励游客前往这些产品的生产厂家

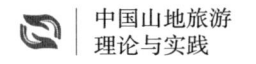

去参观。①

（三）在尊重文化多样性及资源转换的基础上形成各美其美、美美与共的文化共容观念

从较大范围的山地区域来看，山地区域通常具有多民族的特性。而对游客而言，文化需求在山地区域也具有多重属性，一是不同民族文化融合共存，个体游客的文化体验可以通过各项休闲娱乐和体育活动得以实现。二是文化的多方面价值也满足了不同目的游客的需求，如文化体验、朝拜、科考等。客观而言，对国外许多国家或地区而言，由于受地形隔离的山地区隔影响，同一山地地区散居着不同文化特色的民族村落。以泰国为例，泰国近20个少数民族都居住在北部山区，这些民族大部分还保留着各自传统而独特的民族文化，尤其是高山部落，对以中国为代表的客源地游客构成了巨大的吸引力。在旅游开发过程中，民族生态资源的较好保护可以使其旅游活动有着天然和赖以生存的资源依托，如围绕着其特殊的地形和文化特质，该地区的徒步形成兼具冒险、文化和生态等多特征的品牌形象，有力促进了不同文化的和谐共荣发展。

此外，再以坦桑尼亚为例，其开展的文化旅游项目即是一个地方团体独立开展经营活动的网络，不同地区的不同团体各自开发和经营不同的旅游包价游产品。典型的包价游产品包括登山和徒步，且旅游产品中贯穿着马赛部落及其发展历史的讲解及其他文化，如野生动植物知识、不同植物及其药用价值、区域农业文化等。再如澳大利亚的阿南格族旅游公司，所有经由该公司提供的阿南格旅行均由当地土著

---

① Tourism in Mountain Regions: Hopes, Fears and Realities. The Department of Geography and Environment, University of Geneva, the Centre for Development and Environment, University of Bern, and the United Nations Environment Program, 2014.

人提供引导，路线往往是他们祖先走过的道路，并会对其文化进行介绍，如洞穴壁画、原始食物制作方法、土著医疗知识及以生火、投掷矛头和胶水制作方法等为代表的荒野求生方法。

（四）社会公平与社区经济发展——追求综合利益和公平分配的社区共享共赢理念

山地旅游发展依托的重要基础就是本地社区或居民的积极参与和支持。通过以上案例可以看出，社区参与是山地旅游得以开展的重要前提和依托。以山地区域的徒步为例，多个规范性组织或个人以"地接"的形式为游客徒步提供引导及各项支持更是其个体服务公平供给的体现。与此同时，从尼泊尔案例可以看出，社区完全所有的管理方式也是尼泊尔旅游发展的一大特色，在这一模式主导下，社区居民具有获得收益的权利和相当的决定权。具体来看，该模式包括社区参与管理组织、社区群落旅游发展组织模式、保护区社区经营、环境保护与可持续发展四个方面。

综观世界各地的山地旅游，从社区发展的视角来推动社区居民旅游参与和共同富裕，还包括以下几个方面：①国家保护区的设立使原周边居民的生活失去了依托，如乌干达的布恩迪国家公园。为了解决这一问题，2001年当地成立了FAO项目，该项目推进了公园周边300个小型企业的建立，社区居民可以独立运营并从中获取收益。②较大经营主体对周边劳动力的吸纳，如Amadiba Adventures是南非一个提供骑马和徒步旅行的机构，它从周边区域吸纳了各工种的人群，如地区导游、伙食供应者、清洁工、帐篷提供者、养马者等，通过多元化的渠道为当地居民提供收入。③通过山地旅游发展促进女性地位的提高。以摩洛哥阿特拉斯山的女性参与发展为例，自2000年起，摩洛哥政府和许多非政府机构合作，通过设立女性合作社和女性协会来提高边远山区的女性地位。截至 2012 年底，摩洛哥共有 1213 家女性合作机构，覆盖 25879 名会员。这些合作机构提供的产品主要涉及手工艺品，如地毯，自然产品和农产品，摩洛哥坚果油、胡桃油、香料植物、藏红花。当地女性还可以在合作机构学习语言和外语及必要的职业培训，这在引导游客时起到重要作用。[①] 同时，结合以上案例，可以看出尼泊尔的社区参与同样体现在相关的支持上，如技能培训、女性培训等内容，由此可见，促进女性地位和参与能力提升也是山地旅游发展的重要趋向。

除社区参与的地方制度推动外，地方居民的主动意识也发挥较大作用，甚至能起到主导作用。以尼日尔北部的 Aïr Mountains 和 the Ténéré desert 为例，19 世纪 60 年代，欧洲旅行商开始发掘此地并组织了相关的旅游活动，在旅游活动中雇用当地的图阿雷格部族人员。自此，图阿雷格部族逐步学习该模式并于 1980 年开创了他们自己的旅行社，旅游业逐步同传统的骆驼放牧、骆驼贸易及林业共同成为当地经济发展的重要支柱。截至 2007 年，阿加德兹共发展有 62 家当地旅行社，图阿雷格部族共雇用超过 500 名的向导、司机、厨师和骆驼赶行人员，每年接待来自法国、德国、奥地利、瑞士、意大利、美国等国家的近 5000 名游客。他们既与欧洲的旅游运营商合作，又经营散客业务。旅游活动包括 1~3 周的环行旅程、越野车、骆驼骑行及徒步。但随着 2007~2009 年的图阿雷格部族叛乱，旅游人次大幅度减少。

在山地旅游发展中，也不乏政府主导的利益诉求为主，忽视山地保护、经济发展与居民权益之间关系的案例。比如老挝的琅南塔省人

---

① Tourism in Mountain Regions: Hopes, Fears and Realities. The Department of Geography and Environment, University of Geneva, the Centre for Development and Environment, University of Bern, and the United Nations Environment Program, 2014.

口密度较低，且是一个多民族的地区。该地区的文化和景观吸引了诸多国内游客，且其已发展成为省旅游局和一个私人企业的生态旅游徒步基地。相关的旅行活动多集中在芒新地区和琅南塔地区，这使两个区域的人民生活得到改善。位于国家生物多样性保护区域（NBCA）的 Akha 村距离琅南塔地区有两个小时的行走路程，截至 2002 年，该村总收入的 17% 来源于生态旅游。2005 年，随着当地居民被要求搬迁至琅南塔的平原地带，这一状况发生改变，居民的农林产品收入和旅游收入大幅度减少。①

社区参与作为社会多主体共同参与山地旅游发展的有效模式，受到了致力于发展山地旅游的多个国家和地区的关注。而结合国际各地区山地旅游发展的经验，整体来看，除以上案例所展示的要素外，山地旅游社区参与的重要内容主要包括以下方面：①整体性的发展战略；②地方对资源的拥有权和管控权；③极具支持性的国家和地区政策；④高地和低地资源之间的流动平衡性及正确的决策；⑤社会和环境管理的地方化和传统体制；⑥吸收外来知识与科技；⑦与脆弱性环境相适应的基础设施建设；⑧将旅游收入再投资到保护中；⑨旅游收益和机会的公平分配；⑩女性参与；⑪组织能力建设；⑫技术培训；⑬所有利益相关者的意识培育；⑭合作；⑮持续的研究和信息交流。②当然，最需要认识到的是，无论是政府还是非政府组织，与社区的合作并不能保持长久的持续性，因此需要在社区参与体制框架设计时真正做到对社区的资源管理权进行保障。

---

① Tourism in Mountain Regions: Hopes, Fears and Realities. The Department of Geography and Environment, University of Geneva, the Centre for Development and Environment, University of Bern, and the United Nations Environment Program, 2014.
② Community - Based Mountain Tourism: Practices for Linking Conservation with Enterprise, Synthesis of an Electronic Conference of the Mountain Forum, April 13 - May 18, 1998.

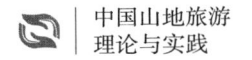

（五）山地旅游发展的理念是坚持市场化与可持续性的和谐统一

单纯从旅游发展的视角来看，如何实现市场化与可持续性的统筹发展成为旅游业发展的突出问题之一。可持续发展包括环境的可持续性、社会文化的可持续性及经济的可持续性三方面。随着山地旅游的规模增大，山地环境的脆弱性受到挑战，可持续问题日益突出。在加强多元主体市场化的同时，必须强化政府参与，加强监管。在监督主体的约束下，经营主体和旅游者可以通过简单常用的方法做出自己对可持续发展的贡献，如垃圾回收利用、煮沸过滤水的饮用（代替塑料瓶装水）、太阳能灶和太阳能热水器的应用等。

总体来看，国外山地旅游发展在旅游活动与自然保护、林地保护、风俗习惯等方面均取得了较好成绩。在可持续维护的实践上，除以上案例外，国外的做法一般包括四个方面：一是由政府出面，与地方企业、地方导游或其他组织人员形成某种形式的"契约"，一方面起到指导和鼓励作用，另一方面起到约束和监督作用，如摩洛哥即制定了"山地和沙漠导游契约"，旨在通过导游向游客传达旅游对当地经济、社会和环境的影响，以及如何践行正确的旅游行为。二是与当地企业及各类经营机构合作，如新西兰的南阿尔卑斯山地区域即与新西兰环保部门合作成立了一个针对野生动植物的环境教育项目，它依据公司遵守相关标准的实际发放许可证。三是基础设施建设的可持续性，如瑞士阿尔卑斯山地区域建造了一种名为"Whitepod"的半永久性旅游帐篷，游客可在里边吃饭、睡觉及进行日常会客活动，帐篷的建设和使用的能量均具有绿色和可持续性，且当移除帐篷时，地面不会留下任何的痕迹。四是加强对游客的教育，包括团队游的出发前教育和散客游的抵达目的地教育。此外，从地区发展的联动性来看，尤其是结合国外山地旅游发展的案例来看,社区参与也正是将市场化与可持续发展进行统一的有效路径。因为一般而言,社区参与的实施多出于两方面目的,一是市场化和文化"整合"的需求,即对中小企业发展和社区居民赋权,通过激活市场多主体共同参与来改善居民生活、提高市场活力、丰富产品体系。二是山区生态保护和文化保护的需要,当地方发展的可持续性与自身的生存利益紧密相关时,市场主体往往会采取一系列的措施或遵循相应的约束和监督机制。

第四章

我国山地旅游发展背景分析

第四章 我国山地旅游发展背景分析

一 我国山地资源概况

中国的地貌类型，无论是从成因来看，还是从形态来看，都是多种多样、丰富多彩的。有被内力推移而高高抬升的高原和山地，也有被挠曲下降的低洼盆地和平原。在温暖湿润的东部和南部，有各种各样以流水作用为主的侵蚀和堆积地貌；在干旱的西北，有以风力作用为主的沙漠景观；在西部高山上，有别具风格的冰川作用的地貌；在西南部石灰岩分布地区，则有景色迷人的喀斯特地貌。中国疆域辽阔，地貌丰富。青藏、云贵、内蒙古和黄土高原，是中国著名的四大高原；塔里木、准噶尔、柴达木和四川盆地，是中国著名的四大盆地；长江、黄河、珠江和黑龙江等大河流，在辽阔的大地上奔流，形成了许多广大而肥沃的平原；在平原上点缀有葱郁秀丽的低山丘陵，而在西部更有无数高大崎岖的山地。

据统计，中国的山地丘陵约占全国土地总面积的43%，高原占26%，盆地占19%，平原占12%。如果把高山、中山、低山、丘陵和崎岖不平的高原都包括在内，中国山区的面积占全国土地总面积的2/3以上。山区埋藏着丰富的矿藏，生长着茂密的森林和珍贵的动植物资源，它们都是中国社会主义建设不可缺少的宝贵财富。国家旅游局海外旅游者抽样调查的结果表明，海外游客对中国旅游产品的兴趣也主要集中在山水风光、文物古迹和民俗风情等方面，而这些自然和文化资源都富集在山区。[①]

---

① 何景明、郭岚、马泽忠：《山区旅游资源与旅游业发展研究》，《广西社会科学》2004年第1期，第30~33页。

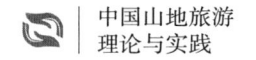

山地是自然旅游资源的重要载体，其自然生态环境的复杂性使山地具有类型多样且独占性强的自然旅游资源。复杂的地质地貌、丰富的生物类型、独特的山地小气候等都是优良的旅游资源。我国拥有一大批在世界上具有垄断性的自然生态资源。珠穆朗玛峰、雅鲁藏布江大峡谷、羊八井地热奇观、长江三峡、桂林山水、路南石林、黄果树瀑布、西双版纳热带雨林等各具特色，名扬海外。此外，山地人文资源主要由地域特色文化和现代休闲度假文化组成，一般包括宗教文化、民风民俗、历史遗迹、神话传说和新建筑景观等，形成了既具有地方文化特色又能满足市场需求的山地旅游目的地。

（一）我国山地资源类型

广义的山地包括高原、盆地和丘陵；狭义的山地仅指山脉及其分支。山地资源常见的分类方式有以下几种，其中本文主要采取以海拔高度对山地进行分类的方式。

1. 按海拔高度分类

2002年，联合国环境署世界自然保护监测中心（UNEPWCMC）对山地的划分作了具体的规定：海拔在300~1000米，但相对高度在300米以上的区域；海拔在1000~1500米，但坡度在5°以上或相对高度在300米以上的区域；海拔在1500~2500米，但坡度在2°以上的区域；海拔大于2500米的所有区域。

中国是一个多山的国家，山地（包括丘陵和高原）面积共有666.24万平方千米，占国土面积的69.4%（陈国阶，2004）。中国对山地的划分与国外有显著差异。对山地海拔与起伏度组合特征进行分类是山地分类体系中最基本的分类，称之为山地大类（见表4-1）。

李炳元等人将中国山地起伏度分为如下五类：丘陵（<200米）、小起伏山地（200~500米）、中起伏山地（500~1000米）、大起伏山

地（1000～2500米）和极大起伏山地（≥2500米），提出山地海拔分级与指标：低海拔山地（<1000米）、中海拔山地（1000～2000米）、中高海拔山地（2000～4000米）、高海拔山地（4000～6000米）和极高海拔山地（≥6000米）。[1] 这种多层次分级符合中国的实际。

表4-1 山地分类等级系统及其划分依据

等级系统	划分依据	制图尺度
山地大区	以宏观地质-地貌格局及相应自然环境空间差异特点为依据划分山地大区	全国和省（区、市）
山地带	依据山地基带气候条件的温度指标划分山地带	
山地大类	以海拔和起伏度组合特征划分山地大类，凸显山地结构立体空间格局	
山地类	在山地大类基础上，以坡度为特征划分山地类，凸显山地坡面稳定性和坡面利用适宜性	
山地小类	在山地类基础上，以坡向和坡度组合为特征的坡元太阳辐射为依据划分山地小类，凸显坡面光热潜力	县（市、区）
山地型	在山地类基础上，以谷地形态和坡度组合特征划分山地型，凸显山区可利用土地资源与发展潜力	

资料来源：郭建英主编《山地旅游发展：理论与实践》，西南交通大学出版社，2012年。

据《中国1：1000000地貌图图例说明》规定：相对高度在200米以下的地貌形态为丘陵，200米以上的地貌形态称为山地。[2] 郭剑英等在《山地旅游发展：理论与实践》中将中国的山地按海拔高度划分为四个等级，包括极高山、高山、中山和低山，如表4-2所示。

由于不同起伏度的山地从谷底到山顶的最大高差不同，因此其坡

---

[1] 李炳元、潘保田、韩嘉福：《中国陆地基本地貌类型及其划分指标探讨》，《第四纪研究》2008年第4期，第535～542页。
[2] 最高点一般不在边缘（相对高差一般大于30米）、有一定坡度（一般不大于7°）或者最高点在边缘但有较大坡度（一般大于10°）的地貌形态称为丘陵和山地。

面气候、生物、土壤、自然垂直带和生物系统等从低往高发生变化；海拔的不同则造成植被、温度等的差异。

表 4-2 中国山地等级分类

单位：米

分类名称	海 拔	相对高度
极 高 山	≥5000	极大起伏的 ≥2500 大起伏的 1000~2500 中起伏的 500~1000 小起伏的 200~500
高 山	3500~5000	极大起伏的 ≥2500 大起伏的 1000~2500 中起伏的 500~1000 小起伏的 200~500
中 山	1000~3500	极大起伏的 ≥2500 中起伏的 500~1000 小起伏的 200~500
低 山	500~1000	中起伏的 500~1000 小起伏的 200~500

资料来源：郭剑英主编《山地旅游发展：理论与实践》，西南交通大学出版社，2012，第2页。

2. 按地质地貌分类

地貌是多数旅游资源的依托场所，具有直接的造景作用和间接的育景功能，决定着自然风景的骨架、纹理和人文景观的基调。我国国土地貌主要包含 16 种[①]，其中比较常见的山地地貌类型有以下几种。

（1）花岗岩地貌

花岗岩地貌的特点是节理发育，经抬升作用可形成高大挺拔的山

---

① 我国国土地貌主要包括：丹霞地貌、喀斯特地貌、海岸地貌、海底地貌、风积地貌、风蚀地貌、河流地貌、冰川地貌、冰缘地貌、湖泊地貌、热融地貌、人为地貌、重力地貌、黄土地貌、雅丹地貌构造地貌。

体，其主峰突出，山岩陡峭，岩石裸露，沿节理、断裂带有强烈的风化剥蚀和流水切割痕迹，多奇峰、深壑、怪石，多呈肉红或灰白色。中国花岗岩地貌分布广泛，如九华山、天柱山、衡山、崂山、普陀山、鸡公山等，以黄山、华山、泰山景色最为著名。

图 4-1　花岗岩地貌示意　　　　图 4-2　砂岩峰林地貌示意

（2）砂岩峰林地貌

砂岩峰林地貌因砂岩发育形成。流水侵蚀、重力崩塌、物理风化、化学剥蚀和生物作用共同造就了峰林、峰柱、石林、峡谷等砂岩峰林地貌。武陵源风景区的砂岩地貌突出，其出露地层为紫红色或灰白色石英砂岩。丹霞山地貌、张家界地貌和嶂石岩地貌是中国三大砂岩地貌；黄山和华山的峰林景观十分典型。

（3）流纹岩地貌

流纹岩为酸性喷出岩所形成，由于形成时冷却速度较快使矿物来不及结晶，形成斑状构造或流纹构造，属花岗岩火山喷出岩，主要分布在东南沿海一带，以闽、浙沿海地区分布较广，以浙江雁荡山最为典型。浙江的天目山、西湖孤山、宝石山也属于这种地貌。

（4）丹霞地貌

丹霞地貌为红色砂砾岩在内外引力作用下发育而成的方山、奇峰、赤壁、岩洞等地貌。岩石经过强烈氧化富集红色氧化铁，富集程

图 4-3 流纹岩地貌示意　　　图 4-4 丹霞地貌示意

度的差别使其有紫、绛红、朱红、浅红等颜色差别。典型的丹霞地貌有：广东仁化丹霞山、福建武夷山、江西贵溪龙虎山、福建连城冠豸山、河北承德的僧帽山、棒槌峰等。

(5) 熔岩地貌

熔岩地貌是地下岩浆涌出地表流动、冷却、凝固所形成的各种地貌。中国熔岩地貌主要分布在三个地带：环蒙古高原带（如山西大同、黑龙江五大连池）、青藏高原带（如云南腾冲火山群）、环太平洋带（如黑龙江长白山的"地下森林"）。

图 4-5 熔岩地貌示意

(6) 岩溶地貌

岩溶地貌又称喀斯特（Karst）地貌，是以碳酸岩类岩石在以水为主的内外引力作用下形成的地貌。地面分为岩溶孤峰和峰林、石林以及石牙、洼地、漏斗、残丘等，地下为溶洞与地下河等。我国岩溶地貌突出代表有：云南路南石林、江苏宜兴三洞①、浙江桐庐瑶琳仙境、湖北利川腾龙洞、四川兴文溶洞、贵州安顺织金洞、辽宁本溪水旱两洞、广东肇庆七星岩。以广西、贵州和云南东部所占的面积最大，是世界上最大的喀斯特区之一。

图 4-6 岩溶地貌示意　　　图 4-7 雅丹地貌示意

（7）雅丹地貌

雅丹地貌也称风沙地貌，"雅丹"源于维吾尔语，意为"有陡壁的小丘"。雅丹地貌是由于强大的风力侵蚀和搬运、堆积作用而形成的地貌，常呈现风湿垄脊、土墩、风蚀沟槽等形态，出现于多大风、干涸的古湖盆或湖积平原和戈壁滩等干燥地区的湖积平原。中国新疆的罗布泊、乌尔禾与将军崖为典型的雅丹地貌。

3. 按资源属性分类

旅游资源根据其属性可以分为自然旅游资源和人文旅游资源，进一步细分又有各种不同的方法，典型的如按国家质量监督检验检疫总局发布的国家标准《旅游资源分类、调查与评价》（GB/T 18972-2003）分类，旅游资源被划分为 3 个层次：主类、亚类和基

---

① 善卷洞、张公洞、灵谷洞。

本类型。主类 8 种①，亚类 31 种，基本类型 155 种。山地旅游资源在国家标准分类中主要表现为地文景观，如表 4-3 所示。

表 4-3 山地旅游资源分类

亚　　类	基本类型
AA 综合自然旅游地	AAA 山丘型旅游地　AAB 谷地型旅游地 AAC 砂砾石地型旅游地　AAD 滩地型旅游地 AAE 奇异自然现象　AAF 自然标志地　AAG 垂直自然地带
AB 沉积与构造	ABA 断层景观 ABB 褶曲景观　ABC 节理景观 ABD 地层剖面　ABE 钙华与泉华 ABF 矿点矿脉与矿石积聚地　ABG 生物化石点
AC 地质地貌过程行迹	ACA 凸峰　ACB 独峰　ACC 峰丛　ACD 石（土）林 ACE 奇特与象形山石　ACF 岩壁与岩缝　ACG 峡谷段落　ACH 沟壑地　ACI 丹霞　ACJ 雅丹　ACK 堆石洞 ACL 岩石洞与岩穴　ACM 沙丘地　ACN 岸滩
AD 自然变动遗迹	ADA 重力堆积体　ADB 泥石流堆积　ADC 地震遗迹 ADD 陷落地　ADE 火山与熔岩　ADF 冰川堆积 ADG 冰川侵蚀遗迹
AE 岛礁	AEA 岛区　AEB 岩礁

资料来源：摘自国家标准《旅游资源分类、调查与评价》（GB/T 18972-2003）。主类为 A 地文景观。

（二）我国山地资源分布

1. 西高东低的三级阶梯式地貌

中国主要河流的流向大体上反映了中国西高东低的地形大势。中国的地形西高东低，由两条山岭组成的地形界线把大陆地形分成三级阶梯，大致可以勾绘出中国地形的总轮廓。不同阶梯上均分布着不同

---

① 自然旅游系原包含的 8 个主类分别为：A 地文景观，B 水域风光，C 生物景观，D 天象与气候景观，E 遗址遗迹，F 建筑与设施，G 旅游商品，H 人文活动。

类型的山地，表现出不同的特点。

(1) 第一阶梯及山地分布

第一阶梯的主要地形是高原和山地，海拔平均达 4000～4500 米。青藏高原位于昆仑山、祁连山之南，横断山脉以西，喜马拉雅山以北；平均海拔在 4000 米以上，面积达 230 万平方公里，是世界上最大的高原之一。第一阶梯和第二阶梯的分界线为昆仑山—祁连山—横断山脉。在高原的山岭间则镶嵌有许多牧草丰美、湖光潋滟的大小盆地，蕴藏着各种丰富的资源，有待开发利用。

在各种不同等级的山地中，第一阶梯海拔平均达 4000～4500 米，主要分布着极高山和高山。其中，昆仑山脉平均海拔 5500～6000 米；阿尔金山脉平均高度 3000～4000 米；祁连山脉海拔 4000～6000 米；巴颜喀拉山脉海拔多在 5000 米以上；唐古拉山脉海拔约 6000 米；喀喇昆仑山脉平均海拔超过 5500 米；冈底斯山脉海拔约 6000 米；念青唐古拉山脉海拔 5000～6000 米；喜马拉雅山脉海拔超过 8000 米的高峰有 12 座；横断山脉平均海拔 4000 米以上，其中玉龙雪山海拔 5596 米；可可西里山脉平均海拔在 4500 米以上。

表 4-4 第一阶梯高山、极高山代表山峰

单位：米

山峰名	所在省份	所属山脉	主峰海拔
珠穆朗玛峰	西藏	喜马拉雅山脉	8848
乔戈里峰	新疆	喀喇昆仑山	8611
公格尔山	新疆	帕米尔和昆仑山	7719
贡嘎山	四川	横断山脉	7590
慕士塔格峰	新疆	昆仑山西部	7564
阿尼玛卿峰	青海	昆仑山－阿尼玛卿山	7160
念青唐古拉峰	西藏	念青唐古拉山脉	7111
格拉丹东	西藏－青海界	唐古拉山脉	6621

续表

山峰名	所在省份	所属山脉	主峰海拔
四姑娘山	四川	邛崃山	6250
岗则吾结	青海	祁连山脉	5808

图 4-8 阿尔金山脉

图 4-9 珠穆朗玛峰

图 4-10 横断山脉

图 4-11 阿尼玛卿山

在地势、气候和海拔的影响下，这些山脉及所包含的山峰高大挺拔，气势恢宏，起伏错落，绵延不断，分布着众多壮丽的冰川、雪山、冰雪带，多以自然山地风景为特色，大众化的山地旅游项目相对集中和单一，观光游览和攀登探险是第一阶梯上山地旅游的主要项目形式，旅游者季节差异明显。

（2）第二阶梯及山地分布

越过青藏高原北缘的昆仑山—祁连山和东缘的岷山—邛崃山—横

断山一线，东缘至大兴安岭—太行山—巫山—雪峰山，这两条连线之间，地势迅速下降到海拔1000～2000米，局部地区海拔在500米以下，这便是中国地形上的第二阶梯。第二阶梯上分布着我国三大高原、三大盆地，如内蒙古高原、黄土高原、云贵高原，准噶尔盆地、塔里木盆地和四川盆地等。它们多数被东西向延伸的山脉间隔，新疆天山山地中的吐鲁番盆地最低点-155米，是我国陆地上最低的地方，也是世界著名的洼地之一。

顺着自西向东的地势，位于第二级阶梯上的山地海拔低于第一阶梯，主要分布着海拔3000米以下的中山。其中，阿尔泰山脉海拔1000～3000米；天山山脉海拔一般在3000～5000米；阴山山脉海拔400～2000米；贺兰山脉海拔2000～3000米；吕梁山海拔1000～2000米；秦岭山脉海拔多为1500～2500米；大巴山脉海拔2000米左右；大兴安岭海拔1100～1400米；太行山脉海拔1200～2882米；恒山海拔2016米；华山海拔2155米。

表4-5 第二阶梯高山、名山代表山峰

单位：米

山峰名	所在省份	所属山脉	主峰海拔
博格达山	新疆	天山山脉	5445
太白山	陕西	秦岭山脉	3767
敖包圪垯	宁夏-内蒙古交界	贺兰山脉	3556
无名峰	湖北	大巴山脉	3053
米缸山	宁夏	六盘山	2942
关帝山	山西	吕梁山	2831
乌云顶	渝鄂交界	巫山	2400
呼和巴什格	内蒙古	阴山山脉	2364
苏宝顶	湖南	雪峰山脉	1934

图 4-12 天山山脉

图 4-13 巫山

图 4-14 五台山

图 4-15 大巴山脉

第二阶梯上的山脉以中山为主，也有部分高山和较少的极高山，其中包括许多国内风景名山。这些山脉及所包含的山峰气势广阔、形态各异、特色鲜明，自然、人文和生物景观均富有多样性，大多数山地适宜发展不同模式的山地旅游，如观光、度假、朝圣、运动和科考探险等。受气候和地势等一系列因素的综合影响，多数地区生物种类繁多，气象气候极具特色，景观极具代表性且可进入性强，开展的山地旅游项目也较为丰富，具有典型特色的山地旅游发展较好且模式较固定，众多未开发山地发展潜力巨大。

（3）第三阶梯及山地分布

翻过大兴安岭至雪峰山一线，向东直到海岸，是一片海拔500米以下的丘陵和200米以下的平原，它们组成了中国地形上的第三阶梯，分布着我国三大平原、三大丘陵，自北而南由海拔 200 米以下的东北平原、华北平原、长江中下游平原和海拔多在 200~500 米的东南丘陵、辽东丘陵、山东丘陵组成。在陆地第三阶梯的东面和东南面是海洋，包括渤海、黄海、东海和南海。海平面以下的浅海地区一般比较平坦，许多地貌现象与陆地有密切联系，实际是陆地低平原的延伸，也可划归到第三级阶梯范围内。

第三阶梯上分布的山地以 3000 米以下的中山和 1000 米以下的低山为主，其中不乏国内风景名胜区中的名山大川。小兴安岭海拔 500~800 米；武夷山脉海拔 1000 米左右；长白山脉海拔一般在 800 米以上；燕山山脉海拔 500~1500 米；泰山海拔 1545 米；黄山海拔 1864 米；庐山海拔 1474 米；衡山海拔 1300 米；南岭海拔一般在 1000 米左右；台湾山脉海拔 3000~4000 米。

表 4-6　第三阶梯中山、名山代表山峰

单位：米

山峰名	所在省份	所属山脉	主峰海拔
白云峰	吉林	长白山脉	2691
黄岗山	江西-福建交界	武夷山脉	2158
雾灵山	河北	燕山山脉	2116
白马尖	安徽	大别山	1777
峻极峰	河南	嵩山	1492
玉山	台湾	台湾山脉	3997
平顶山	黑龙江	小兴安岭	1429

第三阶梯上分布着众多的名山大川（大多为中山和低山），这些山脉和山峰自北向南表现出不同的特点。既有雄奇险峻的自然风景名山、文化气息浓厚的文化名山，又有许多不同类风格的中小型山地，多数名山的旅游发展模式趋近成熟，相应山地旅游项目众多，形式多样。相对而言，自

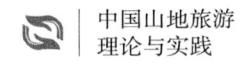

然和人文资源同样丰富的众多中小型山地是未来弥补和丰富山地旅游市场、迎合旅游者日益多样化需求的重要选择，有待进一步发展。

图 4-16 长白山脉

图 4-17 南岭

图 4-18 小兴安岭

图 4-19 台湾山脉

2. 三横三纵的定向山脉排列和走向

中国山区广袤，大小山脉纵横全国，分布有序，以东西走向和东北—西南走向的山脉为最多，南北和西北—东南走向的较少。

（1）东西走向

东西走向的山脉主要有三列，最北边的一列是天山—阴山—燕山，展布于北纬40°~43°；天山横亘于新疆维吾尔自治区中部，长1500公里，向东与北山、阴山山脉相连。中间的一列是昆仑山—秦岭—大别山，位于北纬32°30′~35°00′，横亘于我国中部，西起帕米尔高原，东到淮阳山，地势醒目。最南边的一列是南岭，位于北纬24°～25°30′，由一系列东北走向的山地组成。

(2) 南北走向

南北走向的山脉纵贯中国中部，主要包括宁夏西部贺兰山、宁夏南部六盘山和青藏高原东部边缘横断山脉等（经向构造体系）。其中，横断山脉由许多高山深谷组成。这一系列南北走向的山脉把全国分为东、西两大部分，西部山地多为海拔3500米以上的高山和海拔5000米以上的极高山；东部多为海拔2000米以下的中山和低山。

(3) 东北——西南走向

东北—西南走向的山脉多分布在东部，主要有三列，最西边的一列是大兴安岭—太行山—巫山—武陵山—雪峰山，即第二阶梯和第三阶梯的分界线；中间的一列包括长白山、辽东丘陵、山东丘陵和浙闽一带的东南丘陵；最东侧的一列则是海上崛起的台湾山脉（受华夏构造体系的控制），这三列东北—西南走向的山脉在我国东部形成"三凹三隆"的构造形态。

(4) 西北——东南走向

西北—东南走向的山脉多分布于西部，由北而南依次为新疆北部、中蒙、中俄边缘的阿尔泰山—祁连山，位于中印、中尼边境的喜马拉雅山（受河西西域式构造体系控制）。其中，昆仑山以南的高大山地、哈喇昆仑山、冈底斯山、喜马拉雅山等在西段表现为西北走向，向东逐渐转为东西走向，呈现出向南突出的弧形。

(三) 我国山地资源特点

1. 山地资源整体特征

(1) 生物资源丰富，美学特征突出

独特的地理位置和复杂多变的山地气候孕育了丰富的山地植被和

种类繁多的珍稀动植物，加之良好的资源原生性，使其具有独特的观赏性和探索性。山岳胜境自古以来集合了峡谷、峰林、奇岩怪石、古树名木、奇花珍禽，涵盖了雄、奇、险、峻、幽、野的山地特征，且山地底层构造、矿物岩石、气象气候等景观可给旅游者以色彩美、声音美、结构美、质感美、嗅觉美和动态美。

（2）地域差异明显，季节特色突出

由于地域的差异，山地旅游景观在北方与南方、沿海与内陆表现形式迥异。以气象气候风光和生物景观季节变化为例，峨眉山的"洪春晓雨"景观多出现在夏季，而"雪映金顶"则主要出现在冬季。此外，山地自然景观如气象气候风光、生物景观等随垂直自然地理环境条件不断变化，形成山地旅游开发的独特优势。

（3）文化底蕴深厚，科研价值高

山地资源地处偏远，较少受外界侵蚀，其自然环境和民风民俗保持较好。自古以来的崇山、祭山、封禅、传教以及众多名山上留下的大量文物诗画、摩崖题刻等文化古迹，无不彰显着山地文化底蕴的深厚，是大自然中的"历史文化宝库"。此外，经过漫长地质年代，由于地质作用而形成的典型地貌资源，如一些典型的名山，深刻地反映了地球发展史、地质变迁、自然地理发展规律等，具有极高的科学研究价值。

（4）环境脆弱，生态安全要求高

山地与其他生态系统相比具有不稳定性和脆弱性。山地的垂直高差大、山体坡陡，山坡物质与能量的配置很不稳定，不仅受滑坡、崩塌、泥石流等自然灾害的威胁，也受人类活动的影响。外界行为对珍稀物种极易带来不可逆的破坏和伤害，山地的旅游开发和维护对生态安全有很高的要求。

（5）开发壁垒和基础投资多，维护难度大

山区与中心城市的距离较远，旅游资源积聚地通常通达性差且较为闭塞,这对山地旅游的开发影响重大。除此之外,山区经济发展普遍滞后于一般城市地区,基础设施非常薄弱,进行旅游开发的投资成本巨大,开发壁垒重重,且山地的特殊地形与特有的生态资源使其前期开发与后期运营维护难度均极大。

2. 山地资源旅游价值

山区发展是一个全球共同关注的话题,我国是一个山地众多的国家,山区发展对我国区域的均衡发展和社会经济的可持续发展具有重要的战略意义。发展旅游业是山区发展的一种较好路径选择,对山区扶贫、维护山地生态系统安全、持续利用山地资源具有天然耦合作用。国外也有很多通过山地旅游开发帮助山区脱贫的可借鉴案例,例如印度尼西亚的巴厘岛、墨西哥的坎昆、泰国的普济岛、西班牙和阿斯图里亚斯大区等。

我国山区旅游资源极为丰富,世界旅游组织评价中国旅游资源数量是世界第一,山地、高原、丘陵面积占全省土地面积95%左右的贵州、云南和四川,是全国颇负盛名的旅游资源富集区和旅游资源大省。此外,我国的山地是5大基本地貌[①]中最富有多样性、组合性的自然景观资源,具备作为旅游资源的明显优势,各种山地资源相应的旅游价值如表4-7所示。

表4-7 山地旅游资源及其旅游价值

类型	主要景观	特征及旅游价值	实 例
地质地貌	山峰、危崖峭壁、峡谷、火山地貌、岩溶地貌、丹霞地貌、高原、砂岩峰林、土林、沙林等,典型地质构造、标准地层剖面、化石、地质公园	具有雄、奇、险、峻、幽的美学特征;适宜观光、攀登、科考、探险等旅游活动	泰山、黄山、华山、秦岭、武陵源、珠峰、青藏高原等

---

① 五大基本地貌分别为:平原、丘陵、山地、高原、盆地。

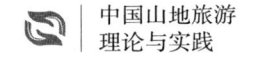

续表

类型	主要景观	特征及旅游价值	实例
气象气候	雨景、云雾景（云海、瀑布云、旗云等）、冰雪景、日出/落、鸣沙佛光、雾（雪、冰）凇	具有色彩美、动态美、听觉美等特征；适宜欣赏、避暑、滑雪、疗养、科考等旅游活动	巴山夜雨、黄山云海、太白积雪、泰山日出、峨眉佛光、哈尔滨雪凇、敦煌鸣沙等
水景资源	江、河、湖、溪、瀑布、泉水、冰河、水库	具有形、影、声、色等特征；适宜观光、疗养、科考、漂流、垂钓等旅游活动	九寨沟、黄果树瀑布、祁连山、冰川等
动植物	珍稀动植物、森林及其林相季节变化	具有奇、秀、香、古、幽等特征；适宜观赏、考察等旅游活动	金丝猴、蝴蝶泉、北京西山红叶、古树名木等
人文资源	建筑、宗教、民俗、名人古迹、博物馆、纪念馆等	具有奇特、庄严、神秘等特征；适宜观赏、探奇、朝圣、访古、求知、瞻仰等旅游活动	临潼、武当山、崆峒山、韶山、峨眉山、甘南高原拉谱楞寺亮佛节等

资料来源：郭彩玲：《我国山地旅游资源特征及可持续开发利用对策探讨》，《地域研究与开发》2006年第6期，第56~59页。

二 国内山地旅游发展案例分析

从我国山地旅游发展历程来看，呈现出的典型特征为：在旅游发展的初期，人们的旅游需求以观光为主，对知名山地旅游景点具有独特的偏好，带动了以极高山和高山为主的山地旅游发展；经过几十年的发展，我国旅游业进入全新的发展阶段，人们的旅游需求呈现出个性化、集约化和多样化的特性，休闲度假旅游蓬勃发展，一些小型的山地具有先天的优势，根据自身的特色，开发出具有文化特色、品质优越的旅游产品，满足了游客个性化的需求，因而迅猛发展起来。

(一) 大型独立的山地旅游案例分析

1. 景色壮丽的冰峰雪山——贡嘎山

（1）贡嘎山核心资源

贡嘎山位于四川省甘孜藏族自治州境内，山体南北长约60公里，东西宽约30公里，是青藏高原东缘最高峰、四川盆地西缘最高峰、大雪山脉最高峰，周围有海拔6000米以上的山峰45座，主峰海拔7556米，终年冰雪覆盖，属极高山，巍峨雄壮、气势磅礴，如刀劈斧砍、危石嶙峋，美学价值极高，被誉为"蜀山之王"。贡嘎山以冰川闻名，山麓有现代冰川159条，面积达390多平方公里，是世界上海洋性冰川最早发育地区之一，也是中国大陆规模最大、位置最东的古冰川遗迹和现代冰川作用中心之一，占该区冰川总面积的92%的冰川集中于主峰周围贡嘎山攀登困难，是国际上享有盛名的高山探险和登山圣地。这里的冰川著名的有超过10千米的海螺沟1号冰川、贡巴冰川、燕子沟1号冰川和磨子沟冰川，景象十分壮观。

1980年，贡嘎山成为中国对外开放的八座山峰之一，1988年被国务院批准为第二批国家级重点风景名胜区，1997年批准建立为国家级自然保护区。

（2）贡嘎山综合资源

在旅游交通方面，贡嘎山景区可进入性强，国道318、国道108、省道211、省道215线横穿该区域，并通达西藏、青海、云南诸省份。贡嘎山地区的旅游产品体系包含观光产品如木格措、跑马山等，度假产品如新婚度假、温泉度假、会议度假、藏医保健等，专项产品如高山探险、科普科考、宗教朝拜、旅游节庆等。

贡嘎山巍峨雄伟，地势高低悬殊，现代冰川发育，新构造运动十分强烈，垂直自然带谱完整，旅游地学景观资源非常丰富，是研究世

图 4-20 贡嘎山景色

图 4-21 贡嘎山-海螺沟

界第三极——青藏高原形成与发展和开展地学旅游及山地生态旅游的理想地区。贡嘎山地处川西平原经济区和川西高原经济区的接合部，是藏汉经济走廊、川藏"茶马古道"重要组成部分，也是康巴文化发祥地，同时它还处于甘孜州康东生态文化旅游区和香格里拉生态旅游区内，是川滇藏大香格里拉旅游线上的核心景区。其科学合理的山地生态旅游开发是带动民族地区经济发展的核心动力。

图 4-22 贡嘎山-燕子沟

(3) 政策及相关制度成果

虽然贡嘎山地区旅游发展起步较晚，基础薄弱，社会经济条件差，但近年来呈现出良好的发展态势，以旅游业为龙头带动整个区域发展起到明显成效。贡嘎山地区涉及的四川省五个县城即康定、泸定、道孚、石棉和九龙，分别编制了各县 2000~2015 年的旅游发展规划。区域内旅游咨询服务中心、旅游厕所、加油站、汽车维修站、医院、购物点、住宿设施、餐饮点等设施齐全。2010~2014 年甘孜州境内贡嘎山地区旅游接待总人数分别为 358.8 万、440.0 万、523.1 万、633.8 万、802.4 万人次，旅游总收入分别为 235556.2 万元、300000.0 万元、349818.0 万元、632500.0 万元、806933.8 万元[①]。

贡嘎山的旅游开发是在一系列合理规划的基础上推进的。其中，贡嘎山内部景区规划有：燕子沟景区总体规划、海螺沟景区总体规划、海螺沟磨西旅游镇修建性规划、康定跑马山旅游区修建性规划、榆林宫旅游区修建性详规、环贡嘎山两小时旅游圈旅游线路产品规划等。

---

① 《甘孜统计年鉴（2015）》。

其他国家公园性质的规划包括贡嘎山自然保护区规划、海螺沟国家地质公园规划、温泉规划等。风景名胜区内各行业也做了一定的行业规划，包括水电规划、矿业规划、土地规划、交通规划、城镇规划等。在政府的带领下，多方制定相关政策支持贡嘎山地区旅游业的发展。

（4）发展模式总结

总结贡嘎山地区山地旅游的发展模式，可以得出，贡嘎山走的是可持续发展与生态文明的发展道路，区域内旅游产品丰富多样。在国家政策大背景和当地政府的政策支持下，各部门积极配合，充分利用独一无二的禀赋资源——世界著名冰雪山川，不仅制定科学合理的旅游规划，同时鼓励社区参与，制定区域内相关行业的行业规划，如土地规划、水电规划等，各个行业形成合力，以形成更加完整的旅游发展体制，全力支持山地旅游的发展。

2. 雄峻奇险的名山——黄山

（1）黄山核心资源

黄山位于安徽省南部黄山市境内，南北长约40公里，东西宽约30

图 4-23 黄山—迎客松

公里，山脉面积 1200 平方公里，核心景区面积约 160.6 平方公里，是我国著名的山岳风景区之一。黄山主体由花岗岩构成，全山有岭 30 处、岩 22 处、洞 7 处、关 2 处；最高处是莲花峰，海拔 1864.8 米。风景区以四绝三瀑①、玉屏景区、北海景区、白云景区、云谷景区、松谷景区等风光闻名于世，旅游时间四季皆宜，春可观百花竞开，夏可观松云雾，秋可观苍石红枫，冬可观冰雪雾凇。黄山的整个地区跨太平、休宁、黟县和歙县，方圆 250 平方公里，其中 154 平方公里黄山风景区是号称"五百里黄山"的精华部分。明代地理学家徐霞客称，"薄海内外无徽之黄山，登黄山天下无山，观止矣"，有誉"天下名景集黄山"，谓泰岱的雄伟，华山的峻峭，衡岳的烟云，匡庐的飞瀑，雁荡的奇石，黄山兼而有之。

图 4-24 黄山—云海

1982 年，黄山被国务院列为首批国家重点风景名胜景区之一；1986 年经评选列入中国十大风景名胜区；1990 年荣登联合国教科文组

---

① 四绝：奇松、怪石、云海、温泉；三瀑：人字瀑、百丈瀑、九龙瀑。

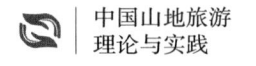

织《世界自然与文化遗产名录》；2004年入选世界地质公园；并入选发行的联合国世界遗产系列邮票。

（2）黄山综合资源

安徽黄山地处亚热带湿润气候区，夏无酷暑、冬少严寒。皖赣铁路线贯通黄山市全境，有多个车次直达北京、上海、青岛、南京、合肥、景德镇、南昌、厦门、福州等地，交通便利。传说中华民族的始祖轩辕黄帝在此修炼升仙，六月十六日被唐玄宗钦定为黄山的生日。其富有特色的抬阁（又称"抬角"）、宗教文化、寺庙建筑和一年一度的黄山国际旅游节，猴子观海、梦笔生花、仙人晒鞋、飞来石等神秘传说，风景区内的"夜游新安江"、"夜游花山迷窟"等旅游产品，"写意黄山"、"梦寻徽州"和"古风徽韵"等旅游定点演出剧目，黄山国际旅游礼品城、屯溪老街旅游商品步行街、黄山国际演艺中心、徽州大舞台、东方红影视城等一批健全的旅游配套设施，为黄山旅游景区吸引了大量游客，有效地扩大了旅游消费。近几年，黄山的旅游发展模式也由以前单一的观光旅游向集观光、文化、休闲、度假、会

图4-25 黄山—飞来石

展等于一体的复合型旅游转变。

黄山还是研究第四纪地质的重要基地,著名地质学家李四光在此发现的冰川遗迹,至今还隐约可见。黄山动物种类300多种,属国家保护的珍贵鸟兽20多种,溪河塘坝鱼类120多个品种。区内设有野生动植物保护区,生态系统稳定平衡,群落完整,森林覆盖率为56%,植被覆盖率达83%,野生植物有1452种。此外,黄山有36源、24溪、20深潭、17幽泉、3飞瀑、2湖、1池。

(3) 政策及相关制度成果

黄山风景区所在的黄山市自2010年至2015年,接待海内外旅游数量分别为2544.7万人次、3054.4万人次(其中,黄山风景区接待游客274.4万人次,同比增长9.0%)、3641.3万(其中,黄山风景区共接待游客300.8万人次,同比增长9.6%)、3732.6万人次、4165.1万人次、4665.9万人次,全年旅游收入202.1亿元、251.0亿元、303.0亿元、314.5亿元、354.4亿元、400.7亿元[①],旅游收入逐年增长。

黄山市始终坚持"保护第一,科学规划,合理开发,永续利用"的方针,加大对黄山风景区的投资力度,极大地改变了景区的通信、供电、供水条件。在完善景区建设、接待与服务设施和交通设施基础上,开通旅游电子商务交易平台,提出分区保护的构想,明确规定游览区内不得随意开发建设,以保护自然生态。同时坚持以科学规划为指导,严格规范遗产地的管理和建设行为,针对各景区、各景点的不同特点,明确其指导思想、容量规模和基本布局,提出具体严格的要求。

(4) 发展模式总结

黄山的旅游发展立足科学规划,采取众星拱月的伞状旅游发展格

---

① 资料来源:"黄山市统计局"官方网站。

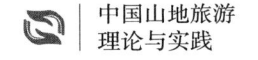

局，推行质量效益型发展模式。强力的政府主导和全方位的市场营销帮助黄山在国内和国际获取游客市场。以黄山景区为龙头定位，注重品牌宣传和维护，积极开发特种旅游产品，推进黄山旅游的国际化，以黄山为中心，逐步向以点带面的方向转型，以更好地实现黄山旅游经济稳定持续的发展。

（二）中小型连片的山地旅游案例分析

1. 江南度假第一山——莫干山

（1）莫干山核心资源

莫干山位于浙江省湖州市德清县西部，沪、宁、杭金三角的中心，为天目山之余脉，以海拔724米的塔山为最高峰。整个莫干山地区，东至东南为三桥埠、武康，南至筏头，西至铜岑山，北至龙池山碧坞，东西横亘15公里，南北纵贯12.5公里，方圆百里有余，占地4400余亩。莫干山是国家4A级旅游景区、国家级风景名胜区、国家森林公园，也是中国四大避暑胜地之一，素以竹、云、泉"三胜"和清、静、绿、凉"四优"驰名中外。景区及外围区有连片竹林127平方公里，全山绿化覆盖率高达92%，是名副其实的"翠绿仙境"。自古以来众多名人更为莫干山留下了难以计数的诗文、石刻、事迹以及二百多幢形状美观的别墅，无一相同，极富观赏价值，故莫干山又有"世界近代建筑博物馆"之称。此外，莫干山是中国著名的休闲旅游及避暑胜地，以"清凉世界"著称于世，其四季风景各有特色。

（2）莫干山综合资源

莫干山山峦连绵起伏，风景秀丽多姿，景区面积达43平方公里，以"三胜四优"为特色。竹是莫干山"三胜"之冠，以其品种之多、品位之高、覆盖面积之大居全国之首、世界之最；云动若浮

图 4-26 莫干山

波、静若堆絮，变化万千、遗世独立；飞瀑流泉多达百余道，可谓峰峰有水、步步皆泉。绿荫如海的修竹、清澈不竭的山泉、星罗棋布的别墅等美不胜收，莫干山因而享有"江南第一山"之美誉。景区内风光妩媚，景点众多，有风景秀丽的芦花荡公园、清幽雅静的武陵村、荡气回肠的剑池飞瀑、史料翔实的白云山馆、雄气逼人的怪石角、野味浓郁的塔山公园以及天池寺踪迹、莫干湖、旭光台、名家碑林、滴翠潭、摩崖石刻、四叠飞瀑、干将、莫邪雕塑等百余处景点，引人入胜。清、静、绿、凉的山地环境为莫干山的度假旅游创造了得天独厚的条件。以优良的自然环境为背景，莫干山景区内开展了洗肺健身游、春季踏青游、盛夏避暑游、浪漫冬日游等主题丰富的山地旅游。

（3）政策及相关制度成果

莫干山旅游交通极为便利。当地政府根据自身山水资源和文化资源实际，推出湖州市旅游发展规划；在旅游业发展的同时，将竹、笋、茶、水四大产业不断做强，与旅游业紧密结合；开放性引入低碳"洋

图 4-27 莫干山

家乐"创新发展项目，开发特色旅游产品，兼顾原居民与游人的需求，开拓旅游市场的同时辐射带动周边城镇发展。

莫干山所在的湖州市 2012 年全年接待国内外旅游人数为 4238 万人次，全年实现旅游总收入 323.79 亿元；2013 年全年接待国内外旅游人数为 4956.8 万人次，实现旅游总收入 393.6 亿元；2014 年全年接待国内外旅游人数 5956.8 万人次，实现旅游总收入 503.2 亿元；2015 年全年接待国内外旅游人数 7070.5 万人次，实现旅游总收入 700.0 亿元[①]。湖州市旅游业发展总体上呈现一片良好的态势。

（4）发展模式总结

莫干山地区山地旅游发展的特点是：突出核心内生资源、积极拓展外围资源，在确定旅游业主导地位的前提下，提升优势产业联动性，使产业发展与城镇发展相结合。以"旅"促"商"，突出并充分利用自然环境优势，创新发展模式，在开展自然健康的生态山地旅游项目的同时，融入自主发展型"洋家乐"模式，以点带面，分层次带动小型山地连片发展。

---

① 资料来源：湖州市政府门户网。

2. 北回归线上的绿宝石——肇庆鼎湖山

（1）鼎湖山核心资源

鼎湖山位于中国肇庆市区东北18公里，穿过北回归线。东邻佛山市三水区，北接四会市，南靠高要市，西与肇庆市端州区接壤。面积1133公顷，由十多座山组成，主峰在鸡笼山顶，海拔1000.3米，居岭南四大名山①之首。鼎湖山由几列同向山脉组成，山势自西北向东南以800米、500米、250米及以下高程逐渐降低；分别以鸡笼山（海拔1000.3米）、石仔岭（海拔598米）、三宝峰（海拔491.3米）为主峰，最后一级是山前的丘陵密集地带。从山麓到山顶，自下而上分布着多种森林类型，鼎湖山被誉为华南生物种类的"基因储存库"、"绿色宝库"和"活的自然博物馆"。终年常绿的鼎湖山位于大多数地区为沙漠的北回归线穿越区，被誉为"北回归线上的绿宝石"。

图4-28 鼎湖山

1956年，鼎湖山成为我国第一个国家自然保护区"鼎湖山国家级自然保护区"，1979年又成为我国第一批加入联合国教科文组织"人

---

① 岭南四大名山：鼎湖山、罗浮山、西樵山及丹霞山。

图 4-29 鼎湖山—飞水潭

与生物圈"计划的世界生物圈保护区，建立了"人与生物圈"研究中心，成为国际性的学术交流和研究基地。鼎湖山与七星岩一起于1982年组成星湖风景名胜区，成为国家首批44个重点风景名胜区之一，于1998年七月又被评为国家文明风景名胜区示范点。

（2）鼎湖山综合资源

鼎湖山自唐代以来就是著名的佛教圣地和旅游胜地，是文化与山地

图 4-30 鼎湖山景区

景观相结合的旅游胜地；林壑幽深，泉溪淙淙，飞瀑直泻，自然风光十分迷人，包括鼎湖、三宝、凤来等十多座山峰，分为天溪、云溪、天湖三个风景区，包含庆云寺、飞水潭、宝鼎园、大钟寺、白玉寺、老龙潭、涅槃台、浴佛池等众多景点；可供游人观览、游泳、涉水、攀崖、寻幽探险等。此外，鼎湖山生物资源相当丰富。有野生高等植物1843种，栽培植物535种，其中珍稀濒危的国家重点保护植物23种；以鼎湖山命名的植物有30种。鼎湖山多样的生态和丰富的植物为动物提供了充足的食源和良好的栖息环境，有鸟类178种，兽类38种，其中国家保护动物15种。

（3）政策及相关制度成果

鼎湖山景区实行分区保护，核心保护区仅供经批准的科研活动，游览观光休息区严格限制建筑物的建造，开发区域必经技术审查，一系列规范的保护与经营制度为景区的健康、可持续发展提供了有力保障。

鼎湖山所在的肇庆市，2011年全年接待旅游者人数1264.0万人次，全市旅游业收入142.3亿元；2012年全年接待旅游者人数1392.2万人次；全市旅游业收入179.5亿元；2013年全年接待旅游者人数1385.9万人次，全市旅游业收入205.9亿元；2014年全年接待旅游者人数1112.4万人次，全市旅游业收入221.2亿元[①]。旅游者人数有小幅波动，但旅游业收入稳步增长。

（4）发展模式总结

总结鼎湖山的旅游发展特点，可以得出结论：在规范的管理制度下，当地政府将鼎湖山景区的旅游纳入健康、可持续的发展轨道，宗教文化与自然观光相结合，打绿色生态牌，同时积极开拓和创新景区及周边片区的旅游发展资源和模式，以小型群山组成的连片休闲山地

---

① 根据《肇庆市统计年鉴（2015）》计算得出。

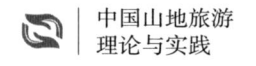

为资源基础，打造轻休闲的生态山地旅游区。

（三）国内山地旅游发展经验总结

综观国内成功的大小山岳景区的旅游开发案例，虽然其成功背后都有各自独特的旅游资源作为依托，但是科学而崭新的开发理念、完善而规范的管理体系更是其成功的关键。综合案例，可总结出山岳景区旅游开发的经验和启示。

第一，政府和市场分别发挥作用。政府建立和完善基础设施、健全法制政策体系、加强行业管理力度和法律法规的执行力度、规范市场发展环境、多方引进旅游投融资，为旅游业的发展创造公平、良好的环境。相关部门和企业联合制定土地规划、水电规划、乡村规划等规划，形成合力，促进行业自身发展的同时，共同支持本地区山地旅游的发展。

第二，鼓励市场和社区参与，加强企业合作与产业联动，平衡利益分配。当地居民对山区的旅游开发和环境保护不可或缺，应充分调动当地居民办旅游的积极性，保障其知情权、观察权、发言权、选择权和投票权等基本参与权利；实现政、企、民三方共赢。此外，山地旅游的前期开发与后期发展均不可避免地要与相关企业和产业发生联系，利用现代电子商务网络信息平台，加强与旅行社、户外俱乐部等旅游企业的合作有利于山地旅游的市场拓展，增强与相关产业的联动，共同促进山地旅游的发展。

第三，积极开展多样的宣传活动，丰富山地旅游项目，增强自身吸引力。山地旅游景区可以定期举办山地旅游论坛、山地旅游文化节、山地竞技比赛项目等，结合山地的资源优势，开展多项富有参与性、娱乐性的体育健身项目和旅游产品，发展不同主题的山地旅游。明确山地旅游项目的目标和主题，紧跟时代、注重创新，建立相应的评价标准和监控体系。此外，随着旅游环境的不断变化，山地旅游项目应进行适时调整和完善，以保证景区项目的旅游生命力、持久吸引力和稳定的经济效益。

图 4-31　滑雪、滑草、庙宇、溜索

第四，坚持走可持续发展与生态文明并行的道路。山地自然资源一旦遭到破坏，不仅会使山地旅游失去基础，而且对整体生态平衡带来威胁。因此，树立长远的发展目标，前期合理开发利用，后期科学保护，是山地旅游可持续发展的必然选择。

山地旅游项目包括：自然观赏项目如瀑布、云海、冰川、湖泊、溶洞、日出、佛光、生物景观等；娱乐体验项目如攀岩、玻璃栈道、骑马、蹦极、滑翔、溜索、跳伞、滑雪、滑草、滑沙、溯溪、温泉、漂流、狩猎、野战、高尔夫/保龄球等体育休闲和赛事活动项目；历史

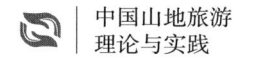

人文项目如政治军事故地参观、石窟、朝圣、庙宇、古寨、农家乐、洋家乐等。

三 我国山地旅游发展模式

（一）我国山地旅游发展历程

世界山地旅游的显著发展始于第二次世界大战后大众旅游的增长，我国山地旅游发展主要受远离主要客源市场、内部交通系统不发达、地方政府不愿放开山区等因素制约。作为内陆山地国家，山地与中国民俗风情、宗教、文学、养生等有着千丝万缕的联系，自新中国成立以来，以中国旅游业发展为大背景，我国山地旅游的发展大致经历了以下几个阶段。

1950～1977年，此阶段的旅游主要表现为公务接待和外事接待。围绕山地所开展的运动也以政府主导的带有政治色彩的运动为主，最初以户外登山运动的形式出现。1978～1989年，处于起步状态的旅游业步入正轨，山地旅游快速发展，地方政府主办的山地旅游比赛逐渐兴起。1990～2000年，中国旅游业进入持续成长阶段，以攀岩、登山为主的山地旅游活动不断发展。进入21世纪，中国旅游业在摸索和发展中逐步迈向成熟。山地户外运动内容逐渐丰富，政府的一系列支持政策使我国山地旅游的发展走向蓬勃。

（二）我国山地旅游研究概况

山地旅游的开展由来已久，相应的山地旅游资源开发活动也很多，但大多集中在东中部地区的一些历史名山的旅游开发上。我国学者对山地旅游的研究始于20世纪七八十年代，主要是山地旅游资源状况调查，之后对山岳旅游地的研究开始形成体系，理论日趋成熟。

为了了解我国近年来关于山地旅游研究的大致情况，笔者在"中国知网"官方网站以"全文"方式搜索"山地或山区或山岳"加"旅游"的字样，共查找到从1978年到2016年的期刊文章926篇，文献4065篇（有重合）[1]，该检索结果可能不代表相关论文发表数量，但能基本反映山地旅游相关研究整体上呈逐年增长态势。文章涉及的国内山地旅游研究主要集中在山地旅游开发研究、资源评价、山地旅游可持续发展、山地旅游者行为特征、山地旅游营销等方面，此外还涉及山地旅游安全研究等方面。经历了从定性描述分析起步，到定性定量结合的进一步发展，再到统计分析、指标体系分析、模型构建、文献分析等逐步深化的阶段。与山地旅游相关的文章也主要集中在案例研究方面，理论研究相对不足；但研究对象逐渐多样化，研究内容不断丰富和细分，同时，研究范围扩大。

总的说来，我国关于山地旅游的研究仍不成熟，在不断变化的态势下，山地旅游的理论和实践研究还不足以指导山地旅游的发展。如何使山地旅游可持续发展、如何使山地旅游规划科学和谐落地、如何协调名山大川和中小型山地的均衡发展等是山地旅游行业需要思考的问题。

（三）我国山地旅游发展现状及模式

新中国成立以来，以旅游业发展为大背景，山地旅游也得到了一定的发展。在一系列的国家政策要求和市场发展需求下，我国山地旅游经历了从缓慢起步、摸索尝试、经验借鉴到逐步发展的过程。目前，

---

[1] 该统计数据截至2016年9月12日。

我国山地旅游发展状况整体向好。按照海拔和起伏标准来划分，国内山地旅游的发展模式主要是以名山大川为代表的大型独立（极高山、高山和众多名山）山地旅游模式和以中小型山岳（中山和低山）为代表的小精特山地旅游模式，并辅以山地游览观光游、山地休闲度假游、山地医疗康养游、山地商务会议游、山地科普教育游、山地运动体验游等类型丰富的山地旅游开发主题。

1. 我国山地旅游发展现状

我国是一个多山的国家，山区经济的发展对全国经济发展及社会进步有着重要的意义。山地旅游的发展一方面为改善当地经济水平、解决当地居民就业做出了贡献；另一方面也为当地资源环境的保护提供了资金来源。综合来看，我国山地旅游的发展状况可以归纳为以下几个方面。

（1）名山大川山地旅游发展好

自 20 世纪 50 年代以来，我国山地旅游以较为单一的观光游览方式为基本特征，游客体验性、参与性的旅游活动项目较少，休闲度假产品也相对缺乏。旅游产品的开发主要聚焦于山地资源本身，处在靠山吃山的资源属性开发阶段。作为资源型旅游，优势明显的极高山、高山和众多代表性自然风景名山和宗教名山山地旅游首先得到发展。名山大川已成为国内山地旅游的标志性符号。

截止到 2016 年 8 月，国内共有 216 家旅游景点被评为国家 5A 级景区，山地旅游相关的景区有四十多家，占比约为 21%，这些名山大川景区大多分布在我国地形的第二阶梯和第三阶梯。其中，较为有名的有长白山景区、五台山风景区、华山风景区、玉龙雪山景区、庐山风景名胜区、黄山风景区、天池山风景区、泰山风景区、云台山景区、武当山风景区、雁荡山风景区、峨眉山景区、普陀山风景名胜区、九华山风景名胜区、盘山风景名胜区、灵山风景区、清源山景区、太姥山旅游区、嵩山少林景区、衡山旅游区、韶山旅游区、白云山风景区等。

（2）山地旅游需求日趋多样化

随着旅游市场不断走向成熟，国内山地旅游的供求市场也在不断发生变化。大型独立山川以其丰富的景观资源为优势，主要开展观光、攀登等形式的山地旅游，主要满足了人们登临览胜的运动和观光需求。如今，面对工作中的高强度压力和城市生活的快节奏，人们追求更加轻松化、参与化、体验化、丰富化的多样放松方式。单一的山地游览观光已不能满足游客多样化的旅游需求，超越自然风景和基础设施的休闲度假、山地体育运动、康体养生等方面的需求越来越强烈，驱动各类高端生态休闲项目、康养项目和运动项目的发展。特别是近年来，以特种旅游和生态旅游为宣传口号，旅游市场吸引了众多的国内外旅游者，成为山地旅游新热点。

针对不同的旅游资源本底，开发出以观光和休闲度假等有机结合的多层次、多样化的山地旅游目的地，提高游客参与度，成为山地旅游发展的新方向。

（3）中小型山岳山地旅游初步发展

资本参与山地旅游开发的热潮已经掀起，名山大川的山地旅游发展如火如荼且态势居高不下，在山地旅游市场占据了不可动摇的主体地位。而与之相对应的中小型山岳因其知名度、重视程度、开发难度等诸多因素的限制，小精特模式的山地旅游发展并不突出，所占据的旅游市场与名山大川相比也很有限，发展明显不足，大型独立山岳和中小型山岳山地旅游的发展存在失衡现象。

然而，面对游客需求的变化，中小型山岳迎来了其山地旅游发展的良好时机。基于山岳自身精致、特别的特点，中小型山岳采用小精特模式的山地旅游更适宜开展多种以身体和精神的放松为目的休闲旅

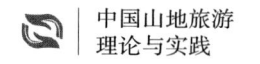

游项目，为人们提供大型独立山岳不能提供的山地旅游产品和服务。

2. 我国山地旅游发展模式

山地旅游是人类旅游发展史上最早出现的游览方式之一。目前，我国山地旅游主要有两种发展模式，即以极高山、高山和众多名山为代表的大型独立山岳山地旅游发展模式和中山、低山为代表的中小型山岳小精特山地旅游发展模式。山地旅游集游览、观光、避暑、疗养、度假、垂钓、狩猎、攀登、滑雪、科考、探险、访古、科普、会议、商务、宗教朝圣等功能于一体，具有主题多元化发展的特征。

无论是山地旅游的名山大川模式还是小精特模式，其开发的旅游项目均主要包括以下几种类型：发展最早、以登临览胜为主要目的的山地观光旅游；山地观光旅游发展到较高阶段的产物，具有高品位、高档次、个性化、专业化和主题化特征，以追求身体和精神上的"放松"为根本目的的山地度假旅游；作为山地旅游景区休闲功能补充，以漂流、露营、滑雪、滑草、溯溪、骑马、攀岩、垂钓和采摘等为形式，以提高游客参与度为核心的山地运动/体验旅游；通过科考、探险、访古、修学、科普等形式，以传播和普及科学文化知识为主要目的新兴山地科普教育旅游；依托山寺庙宇、佛像故居、少数民族等以宗教朝拜、探访名人故居、民俗风情等为目的的山地文化旅游。

（1）山地旅游的名山大川模式

综合本文第二部分对以极高山、高山、知名山川为代表的贡嘎山和黄山的案例分析，我们可以发现，名山大川模式下的山地旅游市场较为稳定但缺乏灵活性，创新不足，未来在景区吸引力方面面临一定的挑战。此外，山地旅游的名山大川模式在管理主体、政策制度、发展侧重以及市场划分等方面表现出明显的特征。

首先，从发展侧重来看，名山大川模式的山地旅游还是以山地游览观光为主，部分山地辅以开展科考探险游、文化朝拜游等旅游项目，内容相对集中和单一。较高的海拔会带来山地垂直气候的变化，同时，较高的知名度又会带来较大的游客量，无法保证静谧的山地环境，从而无法有效满足以休闲、疗养、度假放松为目的的游客需求。

其次，在山地旅游的名山大川模式下，多为政府主导山地发展，市场其他部门和企业等起联合配合的作用。政府除发挥统筹协调、政策作为、财政投入等基础管理作用，除在基础设施和政策法规等方面进行调控之外，同时综合自身政府部门和其他相关行业部门制定科学合理的旅游规划及一系列行业的规划，督促实施、亲力亲为，多方支持促进山地旅游发展，政府主力贯穿始终。

最后，从市场需求来看，观光旅游时代，名山大川仍是需求市场的主导。山地旅游的名山大川模式发展较为成熟，在山地旅游市场上占据不可动摇的主体地位，成为山地旅游的主流市场。作为名山大川的代表之一——黄山，当地政府采取的众星拱月式发展方式值得借鉴。以游览观光为主，联合周围中小型山岳共同发展、拓展山地旅游的小精特模式将成为名山大川未来取得更大发展的选择方向。

（2）山地旅游的小精特模式

本文第二部分对以中山、低山和部分著名山川为代表的山地旅游做了介绍，如对莫干山和鼎湖山进行了案例分析，小精特模式下的山地旅游市场充满活力，山地旅游小精特模式在管理体制等方面与名山大川山地旅游模式存在着明显不同。

首先，与山地旅游的名山大川模式形成对比与互补的是，得益于其相对平缓舒适、绵延悠长的山体环境和相对温和的山地气候，山地旅游的小精特模式可根据各个山地的优势开展除山地游览观光外的多种形式的山地旅游，如休闲度假游、康疗养生游、商务会议游、运动体验游等。主题多元、内容丰富且形式灵活。

其次，在山地旅游管理主体上，政府通常处于小精特模式山地旅

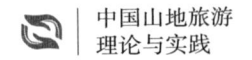

游的宏观调控地位，而市场则成为调节山地旅游发展的主要力量。比如莫干山度假旅游中创意民宿的发展主要依靠从市场流入的企业力量，政府、企业、社区与社区居民等多方参与，企业间多方联合，利益平衡分配，政、企、民三方共赢。

最后，在名山大川占据主流市场的现实背景下，小精特模式的山地旅游迎合了越来越多的山地旅游者的需求。游客需求的日趋多样化使其不再满足于单一的以观光为主要形式的山地旅游，旅游中的参与性、体验性、舒适化、健康化成为人们的新追求，小精特模式的山地旅游恰好具备了开展这类旅游项目的自然条件，加之市场机制的引入，使其未来发展空间极大。

（3）不同模式山地旅游发展状况小结

一方面，我国名山大川尤其是一些5A级山岳型风景区已取得较好的发展，在此基础上，可根据实际情况，因地制宜地以名山大川带动周边中小型群山连片发展，以点带面，形成以黄山为例的众星拱月的伞状旅游发展格局，为尚未全面发展的中小型山岳的山地旅游提供市场支持和空间开发支持；另一方面，对于没有名山大川作依托的连片中小群山，则应从自然环境、民俗节庆、特色文化、创意活动等方面充分挖掘潜力资源，发挥其独特资源禀赋优势，积极引入创出新旅游项目和产品，积极创新，开展不同主题的山地旅游，开拓新的需求市场，以与既成山地旅游发展形成互补、互促的模式。

目前，中小型山岳小精特模式的山地旅游发展仍未取得如国内众多名山大川山地旅游一般的辉煌成绩，在大型独立山岳山地旅游的开发与发展趋于成熟、市场趋于稳定、游客需求不断变化的现实背景下，中小型山岳小精特模式的山地旅游无疑存在巨大的发展空间，潜力即将迸发。

四　我国山地旅游发展所面临的形势和前景

(一) 我国山地旅游整体发展状况良好

山地旅游的发展受诸多因素的综合影响，国家战略、行业策略、经济发展和交通条件等都不同程度地影响着山地旅游的发展。综观国内山地旅游发展现状，历史文化名山风景区兼有优良的山地生态环境、独特的山体形态和深刻的文化底蕴，长久以来蓬勃发展；自然生态风景旅游区原生态资源环境和较强的参与性以其独特的价值成为山地旅游市场不可或缺的组成部分；在自然和人文资源的支持下，国内名山大川的山地旅游市场一片繁荣，且仍存在具有极大发展潜力的中小型山岳山地旅游市场。在此期间，山地旅游的开发成为一种良好的山区经济开发模式，在部分山区起到了较大的旅游扶贫作用。

当然，在此过程中我国山地旅游发展也存在着一些问题，如旅游开发市场低质雷同带来旅游形象模糊、区域形象识别度低等问题，最终导致景区吸引力大幅下降；急迫的脱贫致富需求下非理性、粗放、掠夺式的资源开发缺乏科学的规划；管理的缺位导致条块和地区分割、乱建设现象严重；山区资源景观的独特性与生态环境的脆弱性成为影响山地旅游发展的利害并存因素。

近年来，在旅游各相关部门的配合与努力下，山地旅游市场存在的问题正在逐步得到解决。此外，国家战略发展总体方针的指引和各级地方政府对政策条例的贯彻实施也为山地旅游长足的发展提供了有力的支持，从薪假制度、法律条例、金融投资等多方面为山地旅游的发展提供了保障。至此，山地旅游发展迎来良好的机遇。因此，总的来说，我国山地旅游目前正处于不断改进完善并逐渐与国际接轨的发

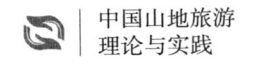

展阶段，整体发展状况良好。

(二) 我国山地旅游发展条件利好

山地旅游运动的发展不仅能通过兴办旅游经济实体促进当地经济的发展，实现地方财政的改善，还能有效解决当地居民的就业问题，起到旅游扶贫的作用，其发展受到国家及政府的支持。近年来，国家出台了一系列以旅游业整体为背景的政策措施，为山地旅游的发展提供了时间、制度、投资、金融、法律保障，创造了健康良好的山地旅游发展环境。

1. 带薪休假保障制度

2008年1月1日，《职工带薪休假条例》正式实施，并修订《全国年节及纪念日放假办法》。2014年8月9日，国务院印发的《关于促进旅游业改革发展的若干意见》也提出落实职工带薪休假制度的要求。2015年，中共中央、国务院发布的《关于构建和谐劳动关系的意见》和同年国务院发布的《关于进一步促进旅游投资和消费的若干意见》也提出明确优化休假安排、进一步推动带薪休假制度的落实，进一步巩固和保障了公民休假权利，为山地旅游的发展提供了有力支持。

2. 旅游业发展宏观政策支持

2009年12月1日，国务院发布《关于加快发展旅游业的意见》，提倡大力发展旅游、文化、体育和休闲娱乐等服务产业。2011年5月11日，国家发展改革委员会发布《产业结构调整目录（2011年本）》，鼓励投资乡村旅游、生态旅游、森林旅游、体育旅游等旅游资源综合开发服务。2012年2月16日，七部委联合发布《关于金融支持旅游业加快发展的若干意见》，鼓励具备上市条件的旅游企业上市融资。2013年10月《旅游法》正式实施，为旅游业的发展保驾护航。2015年11月，国家旅游局提出实施旅游扶贫、助力全面小康，为山地旅游的发展创造良好的法律条件和金融支持。

3. 山地旅游具体相关助推措施

1999年我国登山协会开展培训工作；2005年成立培训部。2006年中国山地休闲旅游国际论坛成功举办。2009年9月15日，中国旅游研究院旅游安全研究基地正式成立，为山地旅游的安全开展提供理论基础保障。2010年举办的中国山地度假旅游国际研讨会上发布了《世界山地度假旅游目的地联盟宣言》，计划每两年举办山地度假旅游论坛，定期交流、互访、总结，共同研究推出《山地旅游目的地行业标准和规范》；对山地旅游目的地进行年度评点，为规划、营销、推广效果显著的山地旅游目的地授奖鼓励。此外，国际山地旅游大会的召开为我国山地旅游的发展进一步确定了旅游供给侧改革、旅游扶贫、可持续发展等方向。

4. 趋热的社会旅游需求

社会需求成为促进山地旅游发展的又一有利因素。社会分工的细化、生活节奏的加快给现代人带来了生理危机、心理危机和社会文化的多方面失衡；人们的健康和健身意识增强，康养、休闲、旅游、娱乐等多元需求正在快速增长，因此，我国大众的旅游消费观念已从自然观光旅游向运动疗养旅游方向转变。山地旅游具备开展集休闲、运动、康养为一体的旅游活动的资源，成为都市人所追求的热潮和时尚。各种休闲娱乐运动和山地旅游的结合日益受到欢迎，对山地旅游市场的发展起到极大的促进作用。

（三）小精特模式山地旅游未来发展潜力巨大

山区旅游开发已经形成立体开发系统，山区旅游建设已成为实现旅游扶贫、旅游富民的重要途径。目前，我国山地旅游发展较为突出的特征是名山大川占领旅游主导市场，众多中小型群山发展不足且尚

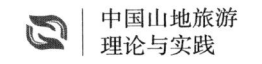

未形成一定的发展规模和具有代表性的发展模式。名山大川经久不衰，而中小型山地仍未形成主流山地旅游市场，导致山地旅游内部发展结构失衡，中小型山岳山地旅游的发展对丰富山地旅游形式、增强山地旅游整体吸引力至关重要。

1. 小精特模式山地旅游面临良好的发展机遇

观光旅游时代，名山大川的山地旅游在山地旅游市场上占据了不可动摇的主体地位，这一方面保证了我国山地旅游的发展；另一方面，也给名山大川如何保持持续的吸引力带来了一定的挑战。此种形势为小精特模式的山地旅游在旅游市场竞争中脱颖而出提供了良好契机。

2. 小精特模式可缓解现有山地旅游市场压力

近几年，国内山地旅游不断发展，随之而来的是名山大川的开发空间逐渐走向饱和。而中小型山岳的山地旅游市场尚未得到充分开发，存在巨大的发展空间，我国中小型山岳资源丰富且分布广泛，一旦得到合理的开发和科学的发展，小精特模式便可以有效分流山地旅游市场的过剩需求，从而与名山大川在山地旅游舞台上各放异彩。

3. 小精特模式山地旅游可与名山大川形成良性互补

目前，中小型山岳、"小精特"文化群山的山地旅游尚未占据足够的旅游市场。虽然此类山岳并不具备5A级景区的资质背景，在知名度上也与众多名山大川没有可比性，但其同样拥有独特的资源本底和不可替代的核心优势，可以有效地弥补大型山岳山地旅游市场的天然不足，与名山大川实现良性互补。

4. 小精特模式山地旅游可满足新的市场需求

在国内旅游发展的转型时期，小精特类型山地旅游的市场需求已经初步显现并将越来越显著。伴随着经济的发展，物质生活的富裕使人们对精神层面的需求不断提高，游客旅游需求也转向多样化与个性化，追求健康、绿色、原生态的旅游体验，内心渴望暂时远离大城市高强度、高竞争、高压力的强势文化生存环境，回归自然的山野乡村生活。中小型、"小精特"山岳清新脱俗、柔和的自然风光和扑面而来的自然文化气息，与名山大川的强势美感形成对比，给游客带来精致、特别的美感，可为游客提供舒适度极高、可获得性极强的精神放松与回归场所。

我国未来山地旅游的发展，要立足名山大川大型独立山地旅游的背景，积极拓展中小型山岳山地旅游小精特发展模式下的巨大市场潜力；在同质化严重的山地旅游市场环境下，力求多样化发展，寻求创新，抓住市场机遇，进一步发挥资源优势，丰富和完善山地旅游市场，增强我国山地旅游发展整体吸引力。

第五章

贵州发展山地旅游的战略和路径选择

第五章 贵州发展山地旅游的战略和路径选择

一 发展现代旅游业是实现贵州社会经济历史性跨越的必然要求

(一) 立足现代旅游业的发展职能

1. 发展山地旅游，促进贵州社会经济发展

现代旅游业的综合性更强、关联度更高、拉动作用更加突出。旅游消费不仅直接拉动了民航、铁路、公路、商业、食宿等传统产业发展，也对国际金融、仓储物流、信息咨询、文化创意、影视娱乐、会展博览等新型和现代服务业发挥着重要促进作用。贵州发展旅游业，应特别重视旅游业的综合带动功能：在战略上，《国务院关于进一步促进贵州经济社会又好又快发展的若干意见》（国发〔2012〕2号）提出贵州战略定位5大方面，旅游业和生态涵养、扶贫攻坚等四大方面皆密切相关，旅游业的发展对贵州后发赶超、同步小康起着引领和带动作用；从推动方式上说，贵州旅游业综合产业综合抓的模式有力地推动了贵州社会经济的综合发展。目前全省项目带动所布局的5个100工程，至少有4个100工程与旅游直接相关：除100个景区之外，100个城市综合体、100个小城镇和100个高效农业示范点都将是旅游产业的支撑点，是旅游产业体系的有机组成部分。从贵州近年来的发展实践来看，旅游发展带来的综合性效果明显：提升贵州形象，统筹贵州城乡发展，创新生态文化资源，三产带动一产、二产协同发展。

2. 以山地旅游转型推进贵州传统产业转型升级

凡是有游客经过的地方，尽显旅游业"牵一带百"的优势。现代

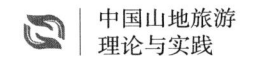

旅游业的发展更是可以影响和带动29个部门108个行业，涉及全部一、二、三产业。因此，现代旅游业成为推动传统产业转型升级的突破口。坚持"创新、协调、绿色、开放、共享"的发展理念，尤其是创新型、突破型发展是贵州旅游业推动传统产业转型升级、跨越式发展的根本动力。旅游业作为综合性产业对拉动经济发展的重要作用正在不断增强，抓住旅游业这个第三产业的龙头，结合问题导向推动五大创新发展，打开贵州省产业结构转型升级的突破口。

3. 发展现代旅游业推动贵州新兴产业发展壮大

现代旅游业作为贵州省守住两条底线（"发展的底线"和"生态的底线"）的战略选择和全省转型发展的五大新兴产业之一，对于扶持新兴产业的发展具有巨大的推动作用。现代旅游产业是贵州培植后发优势、奋力赶超的优势产业、支柱产业。随着省内交通等基础设施的不断改善，贵州省旅游业呈现出越来越强劲的发展势头。要把转型升级和融合发展作为做大做强贵州旅游业的重要手段，推动旅游业与新型城镇化建设融合起来，与发展现代山地高效农业融合起来，与培育大数据信息产业融合起来，与加强生态环境保护、建设美丽乡村融合起来，不断创造新的旅游产品、加快形成新的旅游业态，培育和提升旅游产业核心竞争力，打造一批高品位旅游景区，形成全方位、宽领域、多层次的大旅游格局。

（二）发挥现代旅游业的改革职能

1. 推进旅游业的市场化改革，带动贵州整体形成市场在资源配置中起决定性作用的大格局

当下，我国深化改革的核心是使市场在资源配置中起决定性作用。旅游业自发展之初，就是本着满足消费者需要的初衷，一切以国民的需要和满意为出发点和最终落脚点。从我国各产业市场化发展程度来说，旅游业是市场化程度最高的行业之一。因此，推进现代旅游业供给侧改革，以市场为主导力量、优化供给结构、提高供给效率为核心，开发和打造高质量、多样化的旅游产品，改善和提升旅游服务质量，优化旅游发展环境，提高旅游供给水平和游客满意度，推动旅游业快速健康协调可持续发展等措施都是推动我国经济社会全面发展、促进市场在资源配置中起决定性作用的有效途径。

2. 推进旅游业的生态文明改革，推动贵州生态文明改革和建设

一方面，旅游业的发展在相当大的程度上依赖于生态环境；另一方面，旅游业的发展也极大地促进了生态环境的保护，而且某种程度上旅游对于一些已经遭到破坏或者说出现问题的生态环境，是一个非常好的修复手段。贵州省委在2016年9月审议通过的《关于推动绿色发展建设生态文明的意见》中，提出积极发展绿色经济，牢牢守住山青、天蓝、水清、地洁的生态底线，全力推进生态文明试验区建设。旅游业在贵州生态文明试验区建设中应当发挥桥头堡作用，在实现大生态与大旅游相结合上，贵州将依托良好的生态环境助推旅游业发展，通过旅游发展促进生态环境改善，让旅游发展与生态保护相互促进、各得其所。

3. 通过旅游业的全面深化改革，促进社会经济全面深化改革

我国的改革已经进入全面深化的阶段，不适应市场经济进一步发展的社会制度方面的问题逐渐暴露出来。从整个社会经济的角度来审视旅游业，其对全面深化改革起到撬动作用，即通过旅游业带动经济发展，也就是通过旅游业带动促进各方面全面进入深化改革。现代旅游业是撬动贵州全面深化改革的支点，因为现代旅游业内部制约更少，能推进贵州市场化改革，从而充分发挥基层，特别是地县改革的积极性和创造力，打破现有体制机制障碍，启动深化改革的航船。着力解决旅游业发展过程中存在的土地制度、小微信贷、区域壁垒和产

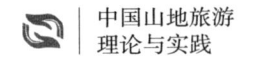

业发展壁垒等关系改革全局的问题，对我国社会经济的全面深化改革具有极大的示范引领作用。

（三）拓展旅游业的开放职能

1. 贵州现代旅游业大发展有助于促进区域协调发展

对于不能进行大规模工业化，又不具备大城市聚集人才资源条件的生态发展区贵州而言，旅游业往往更能发挥促进城乡区域协调发展、促进经济社会协调发展的生力军作用。旅游业是统筹城乡发展的优势产业，是带动性强、乘数效应大、综合效益高的新经济增长点，既可以带动投资、扩大消费、拉动出口，又可以增加就业、脱贫致富、改善民生。旅游业对于促进区域经济从非均衡发展向均衡发展、从局部开放转向全面开放起到关键作用。

2. 贵州现代旅游业大发展有助于建设内陆开放型经济试验区

2016年8月15日，国务院发布关于同意设立贵州内陆开放型经济试验区的批复意见。这意味着旅游业在构建贵州内陆开放型经济试验区中将大有作为。旅游业"吃、住、行、游、购、娱"六大要素具有开放性和合作性等天然属性，贵州大力发展旅游业，加大区域内和国际上的交流合作、积极发展精准扶贫旅游和乡村旅游、发展生态旅游构建生态文明试验区，有助于为贵州内陆地区在经济新常态下开放发展、贫困地区如期完成脱贫攻坚任务、生态地区实现生态与经济融合发展探索新路径、积累新经验。

二 贵州山地旅游的发展模式

（一）在业态上立足山地资源禀赋，发展"小、精、特"模式

贵州山地旅游小精特的发展模式是由其本身山地旅游资源特色所

决定的。贵州山地资源丰富，分布广泛，具有总量大、体量小的特点，加之民族文化多样性，形成"文化千岛"社会现象，促使贵州发展山地旅游走向小型化、精品化和特色化的"小、精、特"模式。

纵观贵州旅游发展历程，贵州旅游发展起于山，兴于山。早在1985年贵州省第一次旅游会议上，贵州就确定重点建设好黄果树、织金洞景区。多年以来，贵州旅游产业的发展始终从自身山地资源优势出发，"唱山歌、走山路"、"念好山字经"，认真做好山地旅游这篇大文章；紧紧围绕山地旅游发展狠抓产业项目建设，相继推出了一批观光、度假、登山、养生、探险、宗教旅游、山地生态教育等山地旅游产品；紧紧围绕山地旅游发展，狠抓公共服务提升，加快推进山地旅游服务中心、景区道路、旅游厕所建设，切实完善信息发布、应急救援工作；紧紧围绕山地旅游发展，狠抓乡村旅游，推出一批"小而精、小而特、小而美"的旅游村寨和旅游特色乡镇。因此，基于贵州山地总量多、体量小且分布广泛的资源禀赋和文化千岛的民俗风情，其山地旅游的发展必然是走小型化、特色化和精品化的全域旅游发展路径。

(二) 在市场上依托高中端发力，国际市场牵动国内市场

贵州山地旅游的井喷式发展，必须依靠高质量的旅游品质和国际化的市场营销策略，即从中高端的山地旅游休闲度假市场发力，将贵州打造成为全国最知名的山地旅游度假胜地，从而带动大众旅游市场流向贵州；同时，依托贵州旅游资源在国际上的高知名度，通过深度开发国际高端客源市场的营销策略，通过提高国际市场的知名度和美誉度引爆国内旅游市场。

1. 从高中端的休闲度假市场发力，引爆大众旅游市场

贵州省旅游产业经济基本属于观光经济，门票经济现象明显：以

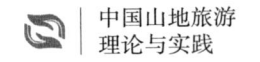

黄果树风景名胜区和龙宫风景名胜区为例，2015 年其门票收入所占当年景区总收入的 77% 和 89%（见表 2-6），观光旅游依然是全省旅游产品的主体。从旅游产品供给来看，观光旅游的供给与多元化市场需求不对应。目前贵州省旅游业的发展并未有效利用丰富的山地资源、民俗文化资源和良好的生态资源。贵州旅游业宜从旅游产业供给侧改革出发，结合自身资源优势，以中高端的休闲度假市场为着力点，以中高端度假消费群体为目标，将贵州打造成全国山地旅游休闲度假胜地，从而带动大众旅游市场的开发。

2. 通过深度开发国际市场，带动国内市场发展

得益于其得天独厚的自然资源，贵州 2016 年被美国《纽约时报》推荐为最值得到访的 52 个旅游目的地之一。因此要发挥贵州山地资源禀赋，充分利用国际山地旅游大会的平台优势，将贵州绚丽的山地资源和精品山地旅游产品推介给全球旅行社买家。第一阶段，对贵州山地旅游品牌进行整合营销，并形成以贵州山地旅游为特色的主题 IP 产品，通过国际山地大会、全球销售推介、增开国际航班和增设落地免签城市等方式将贵州山地旅游推向国际市场。第二阶段通过贵州山地旅游在国际市场上的良好表现和口碑，带动国内大众旅游市场对贵州山地旅游品牌的关注，引发国内山地旅游市场回流贵州。

（三）在布局上点、线、面结合，形成旅游全覆盖

贵州遍及全省的山地旅游资源，处处皆景的小精特自然文化景观，契合了全域旅游发展的资源要求。贵州将全省作为旅游景区来进行规划建设，注重全景式打造、全社会参与、全产业发展、全方位服务、全区域管理，优化环境、美化景观、提升服务，把贵州全域打造成公园、处处打造成景观、村村打造成景点，让旅客感到"一景一物都入心、一山一水总关情"，加快实现从"景点旅游"向"全域旅游"

转变。形成点、线、面相结合，全域山地旅游齐发展的空间发展格局。

1. 以贵阳为中心节点城市，与其他 8 个次节点城市联动发展

以贵阳为中心节点城市，依托"一干九支"的航空网络，以贵广高铁、沪昆高铁、成贵高铁、贵渝高铁、贵南高铁和郑贵高铁为基础的高速铁路布局和全省县县通高速的立体化快速交通体系，联动遵义市、六盘水市、安顺市、铜仁市、毕节市、凯里、都匀和兴义 8 个节点城市，由点到线，形成旅游资源、旅游产品和旅游客源在节点城市之间联动发展。

2. 以节点城市之间的联动和发展，形成线状、带状发展局面

依托贵州现有 1 中心、8 节点的城市发展格局和 11 个全域旅游示范点，遵循由点到线、由线到面，由面到全域的路径，形成贵州省大力推进全省旅游发展空间格局。以贵阳市为极核，以贵安新区为新增长点，着力打造休闲、度假、文化、避暑养生和商务会展等旅游产业群，形成全省山地旅游服务中心枢纽；打造连接周边省市的高铁特色旅游产业带，形成省域性精品环线和跨省精品线路；以特色旅游资源为依托，打造山地休闲度假、生态观光、民族文化体验、健康养生、户外运动、地质科普特色山地旅游产业集聚区；进一步优化提升遵义、六盘水、安顺、毕节、铜仁、凯里、都匀、兴义等区域性旅游中心城市，使之成为区域性山地旅游中心和集散枢纽，最终形成由点到线，由线到面，由面到全域的大旅游发展格局。

3. 推动全域山地旅游，形成面状发展

在山地旅游需求不断涌现的前提下，贵州省正以推动全域旅游的思维，通过供给侧结构改革，从产业和空间视角进行结构调整，改变旅游产业的发展模式，提高旅游供给体系的质量和效率，以做强长板、补齐短板。发挥全省各区域旅游优势和特色，依托高速铁路、高速公路等快速通道，按照资源整合、区域协同、差异化发展的要求，贵州

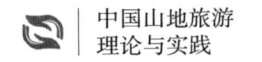

着力推进黔中、黔东南、黔南、黔西南等七大以自然景观和民族文化为特色的山地旅游区建设，支持荔波、赤水、湄潭、盘县、江口、雷山、乌当等市县（区）推进旅游全域化发展示范，加快形成全省山地旅游全域化发展空间格局。

（四）在产业上多元融合，形成产业集群

"旅游+"已成为未来旅游发展的一大趋势，将加速引导和带动三次产业的增长，"旅游+"思维为贵州创新山地旅游发展模式提供了广阔的空间。贵州山地旅游资源具有鲜明的山地文明特征，山地旅游发展已经融入贵州经济社会发展的方方面面。因此，大力推动旅游产业与其他关联产业之间融合发展，形成产业集群，是贵州现代旅游业转型发展的必然趋势。与此同时，"旅游+"战略有力地推进贵州山地旅游与山地特色城镇化建设、山地特色高效农业融合发展，形成山地旅游与大健康、大生态、大扶贫、大数据等相关产业的良性互动，实现"一业兴带动百业旺"的目标。

1. 促进旅游产业的融合发展，形成泛旅游产业集群

促进旅游产业与其他产业的融合发展有助于贵州高效配置市场资源，推动旅游产业与各地特色产业融合，加快旅游价值链的优化升级步伐，实现旅游与三次产业间的互融互通。一是产业融合有助于贵州旅游业态创新，推动旅游与现代山地特色高效农业融合发展，开发提升自然生态观光、民族文化体验、休闲度假养生、山地体育运动等旅游产品体系，形成健康、休闲、养生的泛旅游产业集群。二是产业融合也有助于贵州大数据、"互联网+"理念和技术在旅游业应用的深化，加快推出覆盖面积大、带动力强、效益好的精品山地旅游景点、精品山地旅游线路，以满足不同地区、不同类型游客的消费需求和旅游偏好。三是产业融合有助于贵州打造一批特色农家休闲、乡村民宿、民宿体验、山地露营、特色酒店、康养度假等旅游精品和旅游综合体，开发一批居家型、度假型养老产品，创建康体养老机构和创新型老年人颐养新村，建设一批民族文化休闲街区，培育一批知名的民族节庆品牌，推出一批有影响力的知名演艺产品，形成以山地旅游为核心产品的泛旅游产业集群。

2. 山地旅游装备制造业集群

因拥有丰富的山地资源，贵州成为发展中国山地旅游和户外运动产业的先头部队，也成为户外运动爱好者和山地旅游游客的上佳选择。因此贵州省要将山地旅游装备和户外运动装备制造纳入本省工业发展规划，大力发展内河游船、旅游房车、水上运动设施、旅游小飞机、索道缆车、大型游乐设施和穿戴式导游导览设备等旅游装备制造业。同时，充分利用2015年工业和信息化部联合国家旅游局等6部委联合下发的《关于促进旅游装备制造业发展的实施意见》（工信部联装〔2015〕331号）的利好政策，在科技投入、金融财税、产业发展环境和人才培养方面取得国家层面的支持，促使贵州形成我国山地旅游装备制造业的产业集群。

三 从国内外经验看贵州发展山地旅游的战略和思路

（一）国际山地旅游的"小、精、特"发展经验

国外山地旅游于19世纪初零星兴起于自然环境优越、交通条件较好的疗养地，该阶段的旅游者以康体和疗养为主要出游目的。随着社会经济的持续发展和需求的不断推动，山地旅游供给逐步多元化，游客目的、活动形式和业态表现形式也逐步丰富和完善。以瑞士、尼泊尔和泰国为例，本文对多山地区的"小、精、特"山地旅游发展情况

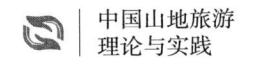

进行梳理，着重于其管理与协调机制、社区参与、政策网络体系等方面，以期为贵州省山地旅游成片发展提供可行的思路借鉴。

1. 多方协作的山地旅游管理机制

山地旅游业的管理机制主要实行协会管理、企业主体、政府扶持的市场化运作机制。在具体的管理上，政府主管部门实行宏观管理，且负责基础设施建设，而与旅游业相关的大量行业协会、组织机构及研究机构承担了政府的许多职能性工作，旅游企业均为私营企业，负责具体的旅游业运营及旅游产品的开发。社区居民深度参与旅游开发。

2. 社区居民广泛参与山地旅游开发

社区居民参与包括社区权利和社区参与两个层面。一方面，依据瑞士联邦法规，任何旅游工程的实施必须由当地人以民主形式同意后才能开展。另一方面，旅游业成为诸多社区的重要谋生手段。尼泊尔成立了村庄旅游发展委员会，每个家庭都是该委员会的成员，且具有对委员会领导者的选举权。该委员会的职责包括：宣传推介本村旅游；各户间游客的分享管理；团队游的组织；为游客开展文化娱乐活动等。多样化的旅游供给主体和产品形式也吸引了不同需求的人群。旅游业为当地的露营营地、农家乐等个体经营创造了巨大的收益。

3. 发挥协会在山地旅游中的主导作用

国外山地旅游的发展过程当中，各类协会或非官方组织发挥着重要作用。非官方旅游机构如尼泊尔旅游委员会、尼泊尔旅游和旅行代理商协会、尼泊尔饭店业协会、尼泊尔徒步协会、尼泊尔登山协会等，在开拓市场、促进规范行业发展等方面积极发挥着重要作用。瑞士设有"瑞士登山步道联合会"（Swiss Hiking Trail Federation），下设共有26个州、市级别的登山步道组织。联合会对州市级别的各组织和约45000名会员提供支持，负责国家层面的资金募集、登山相关活动的信息发布等；而所有的协会和组织不仅负责区域登山活动的推广，还组织一些有趣的登山徒步项目，同时维护登山者的权益。

4. 可持续开发的山地旅游路径

可持续发展主要体现在两个时期的转变：一是在山地旅游发展初期，随着登山徒步者的增多，游客对环境及社会文化的影响开始日益显现，因此尼泊尔开始成立国家公园和各类保护区，瑞士也成立各类国家公园、自然公园和自然探索公园。二是从现时期来看，以尼泊尔登山协会的规定为例，登山个体及团体不准从事有悖于当地风俗、宗教、政治、社会及文化传统的活动；在搭建帐篷方面，游客需在尼泊尔国家认可的场地或经过当地居民同意的地方搭建帐篷。

（二）贵州发展"小、精、特"山地旅游可借鉴的制度

根据国内外发展山地旅游的制度经验，结合贵州山地的资源特色，本文总结了贵州在发展山地旅游方面可以借鉴的经验。

首先，坚持可持续发展理念。在开发山地资源时，以保护性开发为向导，同时建立国家公园和各类保护区。山地旅游的建设、活动设置等与当地风俗、宗教、政治、社会及文化传统的活动相协调。

其次，政府发挥统筹协调作用。山地旅游资源开发涉及林业、国土、住建和旅游等多个部门，政府应该发挥统筹协调的作用。贵州在山地旅游的发展过程当中要考虑顶层设计，确立山地旅游发展的先导地位，实现部门整合、产业协同，为以市场为主体的微观领域，创造良好的发展环境。

再次，多方协作的山地旅游开发。山地旅游协会、企业主体、政府和社区居民相互合作，各司其职。在具体的管理上，政府主管部门负责宏观管理和基础设施建设；旅游业相关的大量行业协

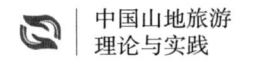

会、组织机构及研究机构承担政府的许多职能性工作；旅游企业负责具体的旅游业运营及旅游产品的开发；社区居民深度参与旅游开发。

最后，社区居民共享发展成果。山地旅游的发展应鼓励社区参与，平衡调节政府、企业、社区与社区居民之间的利益分配。当地居民对山区的旅游开发和环境保护不可或缺，而多样化的旅游供给主体和产品形式也吸引了不同需求的人群。

（三）中国山地旅游的发展趋势研判

1. 中国山地旅游发展历程

作为内陆山地国家，山地与中国民俗风情、宗教、文学、绘画、养生等有着万千联系，自新中国成立以来，以中国旅游业发展为大背景，我国山地旅游的发展大致经历了以下几个阶段。

（1）公务接待和外事接待

1950~1977年，此阶段的旅游主要表现为公务接待和外事接待。围绕山地所开展的运动也以政府主导的专业性质较强的专门人员参与的、带有政治色彩的运动为主，最初以户外登山运动的形式出现。

（2）快速发展阶段

1978~2000年，旅游业发展步入正轨，山地旅游快速发展。以名山大川等大型山岳作为山地自然实体的景区具备得天独厚的发展条件，形成了长白山景区、五台山风景区、华山风景区、玉龙雪山景区、庐山风景名胜区、黄山风景区、天池山风景区、泰山风景区等四十余家5A级景区，大多数的区域性山地旅游景区以游览观光为主。与此同时，地方政府主办的山地旅游比赛逐渐兴起。

（3）户外运动发展阶段

2000年以后，户外运动在中国的北京、广州、昆明、上海等地悄然兴起,电视、杂志、报纸和互联网等媒体给予了强力报道,使户外运动迅速成为一种社会时尚,这种时尚很快发展到国内其他大城市。随着中国旅游业进入持续成长阶段,旅游业在国民经济中的作用进一步凸显,以攀岩、登山、徒步等为主的山地旅游活动不断发展。随着户外运动的蓬勃开展,很多城市纷纷开设户外用品商店、户外运动俱乐部,逐渐带动两个新的市场——户外运动用品销售市场和户外运动、自助游、自驾游服务市场蓬勃发展。

(4) 休闲度假发展阶段

进入 21 世纪,中国旅游业在摸索和发展中逐步迈向成熟。与户外运动市场同时成长的还有山地度假市场。随着山地户外运动内容逐渐丰富,政府出台一系列支持政策,使我国山地旅游的发展走向以休闲度假为主的体验型消费阶段,以名山大川为主的观光型山地旅游产品逐渐趋冷,以"小、精、特"模式发展的精品休闲度假型山地旅游产品受到市场的大力追捧。

2. 中国山地旅游的发展趋势

(1) 我国山地旅游目前存在的问题

整体而言,我国山地旅游以较为单一的观光产品和观光游览方式为基本特征,大多数的区域性山地旅游景区以游览观光为主,游客体验性、参与性的旅游活动项目较少,休闲度假产品也相对缺乏。旅游产品的开发主要聚焦于山地资源本身,处在靠山吃山、靠海吃海的资源属性开发阶段,资源禀赋对旅游的发展起到决定性作用,游客参与性不足,多是匆匆而过、走马观花。

(2) 未来山地旅游的发展趋势

如今,单一的山地观光已不能满足游客多样化的旅游需求,超越自然风景和基础设施的休闲度假、山地体育运动方面的需求越来越强烈,这就驱动了各类高端生态休闲项目和运动项目的发展。针对不同的旅游资源本底，开发出以观光和休闲度假有机结合的多层次、多样化的山地旅游目的地，提高游客参与度，成为山地旅游发展的新方向。随着游客旅游需求向多样化与个性化的方向发展，人们追求健康、绿色、原生态的旅游体验，内心渴望暂时远离大城市高强度、高竞争、高压力的强势文化生存环境，回归自然的山野乡村生活。中小型、"小精特"山岳清新脱俗的自然风光和扑面而来的自然文化气息，与名山大川的强势美感形成对比，可为游客提供舒适度极高的精神放松与回归场所，未来存在巨大的市场潜力和发展空间。

（四）国内外发展山地旅游"小、精、特"模式的经验

1. 国内发展山地旅游小精特模式的经验

（1）江南度假第一山——莫干山

莫干山地区山地旅游的发展特点是，突出核心内生资源、积极拓展外围资源，在确定旅游业主导地位的前提下，提升优势产业联动性，使产业发展与城镇发展相结合。以"旅"促"商"，突出并充分利用突出的自然环境优势，创新发展模式，在开展自然健康的生态山地旅游项目的同时，融入自主发展型"洋家乐"模式，以点带面，分层次带动小型山地连片发展。

（2）北回归线上的绿宝石——肇庆鼎湖山

鼎湖山的旅游发展特点是，在规范的管理制度下，将鼎湖山景区的旅游纳入健康、可持续的发展轨道，宗教文化与自然观光相结合，打绿色生态牌，同时积极开拓和创新景区及周边片区的旅游发展资源和模式，以小型群山组成的连片休闲山地为资源基础，打造轻休闲的生态山地旅游区。

（3）休闲旅游地——井冈山

在井冈山的旅游发展过程中，政府发挥了其应有作用，建设和完

善基础设施、法治政策体系，加强行业管理力度和建立规范的发展制度等，为旅游发展创造了良好的环境。井冈山作为具有独特文化优势的山地区域，充分利用山水资源相互调剂，在红色文化的名牌效应影响下，以红带绿，结合绚烂的山地状况，与周边庐山、三清山等在区域旅游中发挥互补作用，在资源禀赋差异较大的情况下，突出自身特色，很好地推进了山地休闲旅游的发展。

2. 国外发展山地旅游小、精、特模式

（1）瑞士

瑞士是世界山地旅游业最发达的国家之一，登山、徒步和滑雪运动是其核心山地旅游产品，冬季围绕滑雪开展推广冬季山地运动及其产业配套设施。夏季以景观观赏和多地区互动体验为主，在各大景区和山地区域内开展如滑翔伞、卡丁车、水上漂流、独木舟、滑道、滑板车、岩洞探奇、山地自行车、北欧食健行、摩托车、攀登、高尔夫等运动。

（2）尼泊尔

博卡拉是尼泊尔第二大城市，以休闲而闻名的度假胜地，以旅游项目负重徒步（trekking）、机动滑翔飞翼和滑翔伞而闻名，同时配以泛舟、骑车、高尔夫、骑马、皮划艇和漂流、游泳及步行等其他娱乐项目，围绕着这些娱乐和度假项目，开发出上百家宾馆、商铺、酒吧和餐馆，构建"滑翔伞极限体验+山河绝美雪山+湖边休闲+山顶赏云咖啡厅+配套餐饮娱乐"的模式。今天，博卡拉堪称"水边的 Thamel 区"。

（3）泰国

泰国北部山地旅游围绕着 20 个民族文化形成风情各异的民族村落，加之其独特的自然环境，形成山地民族生态旅游的胜地。该区域的旅游主要依托高山部落（该部落由大约 20 个不同文化的种族构成），以其中的 6 个种族为旅游核心吸引物，开展高山徒步旅游活动，当地居民围绕游客的消费和住宿需求开展经营活动，手工艺品的售卖成为他们获取收入的重要来源，这些活动主要集中在村庄、沿山公路的市场、旅游城市等，由于散落的地域分布，私人部门尤其是小型和中型企业占据了泰国北部山地旅游的相当大部分。

（五）国内外山地旅游发展经验和开发模式对贵州的启示

1. 坚持因地制宜的"小、精、特"市场开发模式

无论是瑞士的登山或滑雪，还是尼泊尔的登山探险或徒步，都是从单一功能逐步走向多元化的综合功能。同时，这一路径表明了山地旅游的发展在初期阶段基本遵循的是偶然的市场机会（例如，尼泊尔的登山探险、阿尔卑斯山的滑雪）和坚守的特色产品，在此基础上通过"小众影响大众""小窗口开启大市场"的发展思路来推动当地山地旅游业发展壮大。整体来看，这些活动主要依托某一地区独特知名的山岳或山地区域独特的地形，抑或不知名的山地连片区域，同时，在旅游吸引物构建中，则是山体景观与其他多元化景观的有效融合，如水体景观、农业资源等。这也从侧面证实了因地制宜地利用本地特色资源或文化风俗优势，在"小、精、特"的发展思路下，逐步形成富有影响力的山地旅游目的地是具有现实可行性的路径选择。其中，"小、精、特"既是指发展的切入口或主体规模要小——小山或小村落或多样化的小社区，又是指要依托某一特色的旅游资源发展，抑或是指在精品化、精致化产品提供的基础上发展。

2. 激励相容的不同行为体集体行动的机制

综合国内外来看，制度层面构建的主体一般包括政府、委员会、协会、企业、社区或社团以及居民等，由于参与主体广泛，在相互尊重彼此利益关切的基础上形成的制度或组织安排能够较好地促进山地旅游发展。山地旅游的健康发展需要从制度层面上构建有利于各司其

职、协同协助、利益兼容的激励机制。

具体来看，激励相容的制度安排要注重以下几个层面的关系处理：一是各政府之间的关系，具体表现为开发山地旅游过程中各主管部门的相互协作、责任划分与利益分配。二是不同利益主体间的协作协同关系。如何平衡并形成有利于激励相容的制度安排的确考验着山地旅游的可持续发展。从案例观察来看，各类协会和委员会在缓解个人和社区间不正当竞争方面可以发挥重要作用，尤其是社区居民多方权利的赋予更使山地区域旅游发展不断向良性方向迈进。在山地区域制度设计和推进过程中，非政府组织引导、社区居民积极参与是一种常见的有效模式。三是非营利性组织和运营主体关系。这一层面的问题涉及更多的是山地旅游的具体管理及可持续发展，比如如何在尊重文化习俗差异的山地村落进行旅游产品开发。盈利主体会基于市场需求盲目开发，造成不可持续问题，因此，就需要非营利性组织或国际 NGO 或地区性 NGO 的积极参与。

3. 坚持资源与文化多样性共容理念

对历史文化悠久或文化差异性显著的山地区域而言，随着山地旅游的不断发展，文化在吸引游客方面越发具有吸引力，通过以上国内外案例，可以看出文化在山地旅游发展中多涉及基于区域发展历史的生活习俗和传统。一方面，个体游客可以通过各项休闲娱乐和体育活动体验不同民族文化融合；另一方面，文化体验、朝拜、科考等多方面文化价值也满足了不同目的游客的需求。因而，无论是文化的单一和唯一性还是文化的多样性，均可以构成旅游业得以开展的重要资源依托。不同形态或不同表象下的文化衍生物在市场需求的推动和运营主体的创作下成为附属产品或潜在的旅游产品而受到市场青睐。以贵州为例，境内拥有 56 个少数民族，民族文化资源丰富。在山地旅游开发的过程中，民族生态资源的较好保护可以使其旅游活动有着天然和

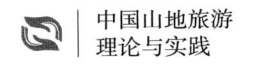

赖以生存的资源依托,如围绕着其特殊的地形和文化特质,该地区的徒步形成兼具冒险、文化和生态等多特征的品牌形象,有力促进了不同文化的和谐共荣发展。

4. 追求综合利益和公平分配的社区共享、共赢理念

通过国内外的案例可以看出,社区参与是山地旅游得以开展的重要前提和依托。社区作为重要的参与主体充分发挥其主动性和能动性除了得益于宏观层面的制度设计,也得益于微观层面的激励相容和机会共享。瑞士和尼泊尔的山地旅游发展过程中重点强调了社区居民深度参与的发展模式:一是法律层面肯定了当地人"当家作主"的权利;另一方面也突出了山地旅游发展的成果理应由社区居民获得。这种方式极大地刺激了旅游供给主体的积极性和产品供给的多样化。

综观世界各地的山地旅游,从社区发展的视角来推动社区居民旅游参与和共同富裕,还包括以下几个方面:(1)通过在旅游景区周边建立小型企业,社区居民可以独立运营并从中获取收益。(2)较大经营主体周边对导游、伙食供应者、清洁工、住宿等劳动力的吸纳,通过多元化的渠道为当地居民提供收入。(3)当地居民直接参与到景区开发或者直接开发形式多样的山地旅游产品并从中获益。

5. 坚持市场化与可持续的和谐统一的山地旅游发展理念

山地旅游作为以山地社区或村落为载体的旅游接待活动,随着市场需求的释放,加之山地本身的生态脆弱,可持续问题也越发突出。一般认为,政府的参与力度越大,有助于环境保护的可持续发展措施越可能得到有力推进。而通过国内外山地旅游的案例梳理可以看出,在山地旅游的实际发展过程中,多依赖于具有多元化主体的市场的"小、精、散"模式,即通过市场化来激发社会共同参与山地旅游建设。因此,经营环境的改善和旅游活动开展所依托的自然环境需要在矛盾中实现更为和谐化的统一,如保持原有环境的清洁性、原始性及荒野特征。对于国外诸多"零散型"经营主体而言，建立基于约束与监督的社会组织是一条重要的有效途径。

(六) 贵州开发山地旅游的项目选择

在对国内外知名山地旅游发展模式总结的基础上，结合贵州独特的资源禀赋，笔者研判：对于没有名山大川作依托的贵州山地资源来说，应从自然环境、民俗节庆、特色文化、创意活动等方面充分挖掘潜力资源，发挥其独特资源禀赋优势，积极引入创出新旅游项目和产品，开展不同主题的山地旅游，针对多样化、个性化、追求健康、绿色、原生态的旅游体验和内心渴望暂时远离大城市高强度、高竞争、高压力的强势文化生存环境的游客需求，回归自然的山野乡村生活。开拓新的需求市场，以与既成山地旅游市场形成互补、互促的发展模式。具体而言，依托境内的山地自然资源和多民族文化资源，可将山地旅游的发展模式进一步细分，因地制宜地开展观光旅游、户外运动旅游、山地体验旅游、休闲度假旅游、科普教育旅游和其他专项旅游，具体见表 5-1。

表 5-1　贵州山地旅游优先发展项目一览

类　型	解　释	项目选择
山地观光旅游	贵州典型的喀斯特地貌，多样的地理、气象和生物特征为观光旅游的开展提供了不可替代的资源本底优势。山地观光旅游可以让游客体验原有的自然风貌、嶙峋怪石、天象奇观和自然山地风光，可以为游客营造舒适安逸的旅游氛围	山地地质公园、国家山地公园、保护区、热气球、徒步旅行、低空飞行、岩洞探奇等
山地休闲度假旅游	山地休闲度假旅游以其特有资源为吸引物，以山地旅游基础设施和休闲度假设施设置为载体，作为山地观光旅游发展到较高阶段的产物，是具有高品位、高档次特征的新型、高端旅游方式	可以根据当地的资源特点和文化底蕴，建设不同的度假小镇、山地精品民宿、山地高尔夫、温泉、水疗、康体、瑜伽等山地休闲度假产品

续表

类 型	解 释	项目选择
山地户外运动旅游	山地户外运动可以缓解生理危机、心理危机和社会文化的多方面失衡,运动锻炼以追求身体健康、竞技娱乐探险以追求精神释放,俨然成为人们对待休闲生活的主流态度	山地适宜开展的运动项目很多,主要有滑翔伞、卡丁车、水上漂流、独木舟、滑道、滑板车、徒步、漂流、探险、露营、滑雪、滑草、溯溪、骑马、山地自行车、攀岩等,条件允许还可以开展蹦极、洞潜等极限运动
山地文化体验旅游	山地文化体验旅游产品以提高游客参与度为核心,利用合适的地形条件开展山野劳作、垂钓捕猎、蔬果采摘等体验项目,让游客以临时山地人的身份主动体验"自己动手、丰衣足食"的淳朴简单的山林农家生活乐趣。同时体验当地民俗文化活动	可以根据当地第一产业特征开展山野劳作、垂钓捕猎、蔬果采摘等,同时结合当地民俗文化,开展民俗歌舞表演、节庆活动等
山地科普教育旅游	山地科普教育旅游以传播和普及科学文化知识为主要目的,通过科考、探险、修学、科普等形式使游客在旅游过程中受到山地旅游的教育,将山地旅游与教育紧密结合,寓教于游,成为旅游业可持续发展的需要	依托境内不同山地的资源特点,可以开展地质教育、生物教育、农耕教育、生态教育等多种科普教育活动。地质地貌资源可以开发地质教育产品,林地可开展生物教育,居民区可开展农耕农事教育等
山地体育赛事旅游	体育赛事旅游是以体育赛事为引导,带有体育与旅游的双重目的,并通过多种体育手段达到愉悦身心效果的旅游活动	国际山地自行车赛、国际山地马拉松赛、国际山地车赛、国际徒步大会、山地汽车拉力赛、国际滑翔伞表演赛、中国热气球俱乐部联赛、国际攀岩精英赛和国际露营大会等

四 发展目标

(一)定量目标

到 2020 年,全省旅游总收入年均增长 20% 以上,旅游业发展速度快于全省国民经济发展速度和全国旅游业发展速度,全省旅游总收入超过 8500 亿元;接待国内游客突破 6 亿人次,年均增长 15% 以上;

接待入境游客达200万人次，年均增长15%；基本建成产业发达、产品丰富、设施完善、服务优良、市场竞争力位居全国前列的全国旅游经济强省和世界级山地旅游目的地。

——构建以高铁旅游为重点的五大山地特色旅游产业带。依托以高速铁路为重点的快速交通，制定实施一批高铁旅游带发展规划，着力打造以高铁为支撑的旅游带：贵广高铁山地生态文化旅游带、沪昆高铁贵湘特色旅游带、沪昆高铁贵滇特色旅游带、贵渝高铁特色旅游带和成贵高铁特色旅游带。

——打造贵州7条山地旅游环线。以山地休闲度假旅游为主题的黔中环线，以山地人文与生态旅游为主题的黔北环线，以山地民族文化生态旅游为主题的黔东南环线，以山地生态文化旅游为主题的黔南环线，以山地文化生态旅游为主题的黔东北环线，以山地文化景观旅游为主题的黔西南环线和以山地民族文化生态旅游为主题的黔西北环线。

——做强8个区域性山地旅游枢纽节点城市。进一步优化提升遵义（突出"红色圣地"品牌）、六盘水（突出"中国凉都"旅游城市品牌）、安顺（突出"奇秀安顺"旅游城市品牌）、毕节（突出"花海鹤乡"旅游城市品牌）、铜仁（突出"桃源铜仁"旅游城市品牌）、凯里（突出世界"苗侗之乡"城市品牌）、都匀（突出"休闲都匀"旅游品牌）、兴义（突出"水墨金州"城市品牌）8个区域性山地旅游枢纽节点中心城区，加快完善旅游综合服务功能，强化旅游城市之间的联动互补，构建形成8个连接贵阳、辐射周边的区域性旅游产业集聚中心和集散枢纽，更好带动和支撑旅游的全域化发展。

（二）定性目标

1. 建设世界知名山地旅游目的地

加快把贵州建设成为世界知名山地旅游目的地和山地旅游大省，

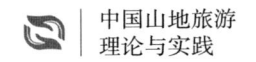

以及国际化的旅游休闲度假胜地,实现由山地旅游资源大省向山地旅游强省的新跨越。旅游业结构调整和转型发展取得重大进展,加快构建起全域化的山地旅游产业体系,旅游经济总量、旅游经济效益和旅游综合实力迈上新台阶。

2. 深入推进旅游体制机制改革

注重改革开放,深入推进旅游体制机制创新,加快完善山地旅游现代企业制度、现代产权制度、现代管理制度,积极引进优强企业参与贵州山地旅游开发建设和运营,持续释放山地旅游发展活力。争取在金融、土地等现有涉旅政策方面对"小、精、特"的旅游企业和旅游项目有所突破。

3. 形成"小、精、特"山地旅游发展模式

贵州山地资源丰富,分布广泛,具有总量大、体量小的特点,加之民族文化多样性形成的"文化千岛"社会现象,促使贵州发展山地旅游走向小型化、精品化和特色化的"小、精、特"模式。在政策层面上政府进一步放宽贵州山地旅游的市场准入条件,鼓励市场的小微主体参与到贵州山地旅游的开发过程中,在大众创业、万众创新进入贵州山地旅游方面给予支持,鼓励社区、村民参与到山地旅游的开发过程,分享发展红利。形成山地旅游"小、精、特"发展模式,在政策、商业模式和运营管理方面积累可复制的经验。

4. 丰富创新山地旅游业态

注重产品业态创新,在大力发展山地景观旅游、乡村特色旅游的同时,积极探索健康养生、避暑休闲、度假疗养、山地运动、汽车露营、科普探险、修学旅行等新兴业态,加快打造重点景观和精品线路,千方百计把景点扩成景区,把景区连成线路,把珍珠串成项链。

5. 提升山地旅游品牌

注重品牌营销,以"多彩贵州·山地公园"为主打品牌,加大境内外市场推介力度，创新旅游宣传方式，充分利用大数据手段，加快建设"智慧旅游云"，全面提升以民族文化和山地生态为核心价值的贵州山地旅游品牌。以更加开阔的视野、更加务实的举措，念好"山"字经，打好生态牌、民族牌、乡村牌，把山地旅游作为贵州旅游业发展的基本定位，着力把山地旅游打造成为具有全域全景理念的大产业、承载核心文化价值的主载体、拉动山地经济发展的增长极，努力将贵州建设成为世界知名的山地旅游目的地。

6. 旅游服务质量进一步提升

更加注重配套服务，在保护好生态环境和传统文化的同时，千方百计提供现代硬件设施和软件服务。借助全面进入"高铁时代"和"县县通高速"的有利条件，着力构建"快旅慢游"交通体系和公共服务保障体系，提升山地旅游通达性、便捷性、舒适性，让游客感到服务无微不至、宾至如归。

7. 旅游对外开放水平进一步提升

进一步拓展国际市场，提升国际知名度。旅游对外开放水平显著提高，推进区域合作与国际化发展取得重大突破，鼓励外资旅游企业和知名规划公司参与到贵州山地旅游的开发过程，山地旅游市场开放程度和产品体系进一步提升与完善，山地旅游国际品牌形象全面提升。

五 贵州山地旅游的发展路径

（一）深化旅游综合管理体制改革

1. 深化旅游管理体制改革

坚持改革创新、扩大开放，着力破除制约贵州山地旅游产业发展的体制性障碍和机制性约束，建立与大力发展山地旅游相适应的旅游

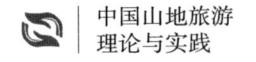

管理体制和运行机制，推动山地旅游产业转型升级。进一步发挥贵州旅游发展委员会的综合协调职能和统筹协调能力，摆脱"小马拉大车"的局面。进一步打破行政区划壁垒，加大整合力度，转变旅游行政管理职能。进一步简政放权，下放旅游行政管理权限，推进旅游执法重心下移，着力完成从市到县、从县到乡、从乡到"小、精、特"网络的广义旅游管理体制构建。按照"政企分开""政事分开"原则，加大对旅游行业协会的扶持力度，强化旅游行业协会服务职能和行业自律功能，发挥行业协会在旅游管理中的重要作用。

2. 深化旅游投融资体制改革

支持贵州旅游投资控股（集团）有限责任公司做大、做强，以资本为纽带，统筹牵引"山上山下"旅游资源整合和产业化发展，将其打造成全省山地旅游开发建设投融资平台。鼓励有条件的市（州）成立旅游投资公司，构建现代企业制度，规范市场化运营机制。鼓励推动社会资本进入"小、精、特"发展模式，完善贵州山地旅游投融资结构安排。

支持物权入股参与山地旅游开发经营。鼓励支持集体与个人以旅游资源、集体土地使用权、土地承包经营权、林权等物权入股方式参与旅游开发经营；完善旅游融资体系。推动有条件的旅游公司上市融资；支持符合条件的旅游企业发行企业债券、短期票据、短期融资券；支持省内旅游企业采取项目特许权、经营权、旅游景区门票质押担保等方式扩大融资规模；引导信贷资金采取银团贷款、集合信托等方式支持重大山地旅游项目建设；鼓励金融机构对符合融资授信的中小型旅游企业和旅游项目实施贷款优惠，开展中小额旅游按揭贷款业务。

3. 深化土地制度改革

结合贵州多山的国土资源特征和《国土资源部　住房和城乡建设部　国家旅游局关于支持旅游业发展用地政策的意见》（国土资规〔2015〕10号）文件精神，积极优先保障贵州山地旅游业发展用地供应，特别是加大山地旅游扶贫用地保障。在符合生态环境保护要求和相关规划的前提下，对使用荒山、荒地建设的旅游项目，优先安排新增建设用地计划指标，出让底价可按不低于土地取得成本、土地前期开发成本和按规定应收取相关费用之和的原则确定。出台政策，降低"小、精、特"模式的投资用地成本。

在符合土地利用总体规划、县域乡村建设规划、乡和村庄规划、风景名胜区规划等相关规划的前提下，农村集体经济组织可以依法使用建设用地自办或以土地使用权入股、联营等方式与其他单位和个人共同开发山地旅游项目，举办住宿、餐饮、停车场等旅游接待服务企业。支持农村集体经济组织以外的单位和个人，依法通过承包经营流转的方式，使用农民集体所有的山地、农用地、未利用地，从事与山地旅游相关业务。

4. 推动市场准入机制改革

进一步放宽贵州山地旅游的市场准入机制。一方面，推进国有涉旅企业进行资源整合，支持民营和中小旅游企业进入山地旅游市场；另一方面，降低旅行社行业准入门槛，取消对外商旅行社进入贵州山地旅游市场的限制，鼓励外资旅游企业进入贵州旅游市场。除此之外，鼓励山地旅游各种新兴业态的发展，与工商部门、公安部门、消防部门、税务部门等合作，制定系统的配套机制和政策措施，允许社区民众广泛参与特色民俗、登山、攀岩、徒步、露营等山地旅游产品的开发，解除一些新兴山地旅游产品在工商、消防、入住管理等方面的后顾之忧。

（二）培养市场驱动的"小、精、特"山地旅游发展土壤

1. 培育山地旅游市场主体，鼓励旅游市场主体创新发展

山地旅游产业的主体是旅游企业。作为山地旅游产品的供给者，

其发展和改革的核心是培育独立的、多元化的市场主体。要大力发展各类社会企业，重点培育旅游上市公司、大型旅游集团公司、大型旅游联合体、旅游互联网综合平台等，充分发挥其作为产品供给者的作用，运用市场规律促进其竞争发展。同时，鼓励旅游市场主体创新发展，山地旅游产业是一个关联性极强的产业，因此，产业融合既是山地旅游业发展的趋势，也是山地旅游市场主体创新发展的内在要求。

2. 鼓励全面参与，万众创业、万众创新

把发展全域旅游、发动全民参与作为贵州发展山地旅游产业的基本方针、基本理念，坚持以贵州省旅游产业大发展带动大众创业，以旅游产业转型升级吸引万众创新为根本出发点。积极发挥旅游城市、景区和旅游龙头企业的带动作用，打造一批山地旅游创客天地。以乡村旅游和旅游扶贫为重点，大力支持返乡大学生和农民工开展旅游创业，支持建设一批乡村旅游扶贫和大学生旅游创业示范基地或孵化器。鼓励电子商务第三方交易平台渠道下沉，带动基层旅游创业人员依托其平台和经营网络开展旅游创业。

3. 优化乡村旅游收益分配模式，实现全民收益

引导和鼓励农民成为贵州山地旅游开发和经营主体。农民作为"三农"的主体，农业增收、农村经济发展与农民的脱贫致富是联系在一起的。山地旅游业是贵州有效利用山地特色与旅游业融合发展形成的新业态，具有提高农业附加值、拓宽收入来源、优化乡村环境、改善乡村基础设施等多重效益，但只有当农民成为山地旅游开发和经营的主体，并形成一定的规模，这些效益才能够同时作用于乡村。因此，发展山地旅游，农民不应该只是出租资源、拿租金的旁观者，而应该是主要的开发者和经营者、脱贫致富的实践者。

（三）抓住国家层面重大利好的战略机遇

1. 以内陆开放型经济试验区建设为契机，加强区域经济合作

作为内陆省份，贵州只有通过扩大开放，加强区域合作，才能加快发展、后发赶超。贵州省应该紧紧把握建设内陆开放型经济试验区的千载难逢的良机，以营造优越的发展环境，引进更多的外来资金和企业，吸引更多的人才和游客，同时也推动贵州的企业和产品走出去。旅游业应该在贵州内陆开放型经济试验区中起到排头兵作用，积极参与长江经济带发展，强化与云南、广西、湖南、四川、重庆等周边省区市的旅游合作，推进共同建立和完善旅游资源合作开发机制、旅游市场联合营销机制、旅游环境秩序共同维护管理机制、旅游市场统一建设机制、旅游突发应急事件联合处理机制以及旅游人才交流合作培训机制。

2. 积极对接"一带一路"，全面提升国际化水平

围绕国家"一带一路"的战略连接，重点做好旅游市场营销、交通连接、国际旅游合作、文化交流和生态旅游区建设，把贵州建设成为"一带一路"的重要旅游枢纽、国际旅游合作的重要基地和生态文化旅游目的地。一方面，全面提升山地旅游国际化服务水平。提高旅游目的地的服务质量和游客满意度，加快建立与国际接轨的接待服务体系、国际化城市公共服务体系、国际信息化服务网络体系；另一方面，加快构建便捷高效的旅游国际交通网络，完善航空、铁路旅游交通，使贵阳成为"一带一路"沿线上高铁线路、航空大通道上的节点城市。

（四）加快优化山地旅游空间结构

1. 着力山地旅游空间点、线、面相结合，形成全覆盖格局

充分利用贵州山地自然景观和丰富多彩的山地多民族文化在贵州

山地旅游产品体系中的基础性作用，围绕大贵阳建设贵州山地旅游增长极。以国际化的视野、更加开放的姿态主动接轨全球化，实施旅游国际化战略，努力打造世界级山地旅游目的地、国际体育户外赛事荟萃的国际都市目的地、内涵丰富的国际都市休闲度假目的地和中转便捷的国际山地旅游集散地。进一步增强贵阳的引领和辐射作用，借助贵阳的国际影响力带动其他市州，发挥贵阳作为首位城市的引领作用，尽快提升整个贵州山地旅游的国际影响力。

与此同时，以贵阳为中心节点城市，多点联动其他8个次节点城市。以贵阳市为极核，以贵安新区为新增长点，着力打造休闲、度假、文化、避暑养生和商务会展等旅游产业群，形成全省山地旅游服务中心枢纽。进一步优化提升遵义、六盘水、安顺、毕节、铜仁、凯里、都匀、兴义等区域性旅游中心城市，使之成为区域性山地旅游中心和集散枢纽，最终形成由点到线，由线到面，由面到全域的大旅游发展格局。

2. 以立体交通网络为骨架，全力推进贵州全域化山地旅游发展

依据目前已形成的"一枢九支"机场布局，加快提升贵阳龙洞堡国际机场与铜仁、黎平、兴义、遵义、安顺、六盘水、毕节、荔波、黄平等九个支线机场旅游接待质量和游客便捷联通工程，发挥贵阳的游客集散地带动效应；以贵广高铁、沪昆高铁、成贵高铁、贵渝高铁、贵南高铁和郑贵高铁为依托，制定实施一批高铁旅游带发展规划，着力打造以高铁旅游为支撑的旅游带，串联形成贯通省内外的六条高铁，打通贵州东西和南北的旅游大通道，强化贵州与四川、云南、广西、广东、湖南等周边省份的旅游区域协同效应；以贵阳和遵义两大核心枢纽城市的"6横7纵8联"高速公路格局为基础，建设联通全省的旅游资源互动工程。

3. 打造精品山地旅游线路

充分发挥独特的山地自然景观和多样性的多民族文化的特色，打造完善资源独特、主题突出的经典山地旅游线路。以喀斯特奇观为主题的经典旅游线，以山地苗族文化为主题的经典旅游线，以长征文化为主题的世界遗产经典旅游线，以侗族文化为主题的经典旅游线，以乌蒙古彝文化为主题的经典旅游线，以苗疆走廊山水文化为主题的经典旅游线和以东部名山、古城古镇、红色文化、佛教文化与生态休闲为主题的经典旅游线。

4. 提升特色旅游城镇

着力构建布局合理、功能完善、特色鲜明、类型各异、错位发展的贵州山地旅游城镇体系。突出旅游城镇的民族文化和山地城镇特色，按照品牌引领、景城一体、功能提升的要求，实施"旅游+新型城镇化"行动，加快建设一批各具特色的山地旅游城镇，形成一批具有国际影响力的山地特色精品旅游小镇，为发展全域化山地旅游提供重要支撑。结合实施"5个100"工程，重点支持50个山地节点旅游城镇和100个特色山地文化旅游小镇建设，着力打造一批基础良好、特色鲜明、示范性强的历史文化古镇和景区依托型、主题型、交通枢纽服务型旅游城镇。

（五）提升贵州山地旅游的市场营销品牌

1. 强化"多彩贵州，山地公园"内涵，提升山地旅游品牌

强化"多彩贵州，山地公园"内涵，着力塑造"多彩贵州·山地公园"国际品牌形象，大力实施品牌带动战略，全面深度拓展品牌内涵和价值，突出抓好品牌形象的提升、宣传营销、平台打造与国际性活动开展，全面提升贵州山地旅游品牌的美誉度和感召力。加快山地旅游品牌集群建设，以"多彩贵州风·山地公园省"品牌形象为总领，积极拓展"爽爽贵阳""奇秀安顺""醉美红色遵义""水墨金州黔西南""凉都六盘水""楚天净土、桃园铜仁""花海毕节"等市州

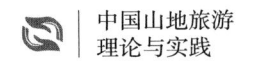

山地旅游品牌形象。

2. 开拓国际市场,提高国际化水平

一方面,努力开拓国际市场。以山地民族文化旅游产品为核心,重点开拓完善我国港澳台、日韩、东南亚等入境核心市场,积极争取欧美等高端客源市场,努力培育俄罗斯、巴西、南非、印度、中东地区等新兴旅游市场。利用贵广高速公路和高铁两条大通道,增强港澳地区到贵州旅游的可进入性,借助珠三角的国际平台发展入境旅游,使贵州成为新的旅游热点。另一方面,全面提升山地旅游国际化服务水平。提高旅游目的地的服务质量和游客满意度,加快建立与国际接轨的接待服务体系、国际化城市公共服务体系、国际信息化服务网络体系。

(六) 依托小型精品项目和重大建设项目推动山地旅游产品升级

1. 打造"小、精、特"景区,丰富山地旅游业态

充分利用贵州境内丰富的山地自然景观和散落的民族乡村旅游资源,打造一批小型精品旅游项目。将游览和娱乐相结合,丰富文化和游览内容,打造国内一流的自然景观旅游产品;将山地景观与户外赛事相结合,积极开发山地户外体育旅游、高山湖泊体育旅游,打造一批国内外知名的山地户外体育运动产品,积极发展登山、探险、漂流、滑雪、低室飞行等运动类产品,打造国际一流的户外运动天堂。

充分利用大射电天文望远镜、地质公园、森林公园、湿地公园、矿山公园等科普资源,加快发展科普旅游产品;依托乡村自然风光、民族风情和特色风物,大力发展以山地和民族为特色的乡村旅游,合理利用民族村寨、古村古镇,建设一批集居住、观光、购物、娱乐等功能于一体的小型、精品、特色化的旅游村镇,打造具有世界影响力的山地民族乡村旅游产品。

2. 实施山地旅游重大工程建设项目，推动贵州山地旅游基础设施提档升级

以全省"十三五"期间山地旅游发展的重点领域为依托，突出抓好山地旅游精品景区、山地旅游平台、山地旅游大数据应用三大重点项目建设，以重点工程建设推进山地旅游加快发展，完善基础设施建设，助力贵州山地旅游提档升级。

山地旅游精品景区项目打造工程：以建设山地旅游大省和创建国家山地公园示范区为目标，加强重点旅游景区和精品旅游线路建设，以实施省"5个100"工程为抓手，加快完善100个重点山地旅游景区建设的推进机制，加大建设和投入力度，加强旅游环境整治，着力提升服务质量，建立景区现代管理制度，加快推进山地旅游景区的转型升级。

山地旅游平台建设工程：以打造国际山地旅游大会为平台抓手，筹建兴义市"中国贵州·国际山地旅游大会"永久会址，按照"1+N"模式，同时举办国际山地旅游产业博览会、国际山地运动会等专题展会，并根据需要设立分会场；积极争取国家和世界旅游组织支持，注册山地旅游国际联盟，着力提升贵州山地旅游的发展水平和国际品牌影响力。

山地旅游大数据应用工程：加快建立健全贵州旅游目的地管理系统，推进大数据在景区管理、乡村旅游、宾馆饭店、旅行社、旅游交通、旅游商品等领域的服务应用。大力推进山地旅游"互联网+"行动计划，实施旅游电子商务工程，加强旅游消费和体验线上线下联动，实现旅游与金融服务、旅游交通、物流配送等的衔接融合，优化完善覆盖全省范围的旅游电子商务平台，助推旅游精准扶贫工作实施。

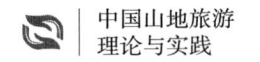

（七）强化山地旅游的产业融合联动效应

1. 加快旅游产业多元融合

加强山地旅游业与第一产业、第二产业、第三产业的融合发展，不断丰富山地旅游产品供给、创新旅游业态、优化旅游产品体系。山地旅游业与第一产业融合发展，开发形式多样的山地观光、果林采摘、乡村旅游产品；旅游业与第二产业融合发展，在振兴旅游装备业和休闲制造业基础上，实施山地旅游制造业培育工程，加快引进或合作开发先进山地旅游装备制造技术，重点开发生产一批体育运动装备、户外运动与野营设备、旅游房车、观光缆车和索道、高科技游乐设施和旅游保健防护用品等山地旅游装备及产品，力争形成一批国内知名品牌；旅游业与第三产业融合发展，推动特色潜力行业发展。积极推动"山地旅游＋民族文化"、"山地旅游＋运动休闲"等旅游与相关产业的融合发展。

2. 深化山地旅游带动效应，依托"小、精、特"模式聚焦旅游精准扶贫

充分发挥旅游业综合带动作用，把旅游产业化与旅游扶贫结合起来，着力拓宽山地旅游扶贫渠道。结合国家"十三五"规划纲要和国家旅游局实施美丽乡村旅游扶贫工程的决定，加强省内山区、革命老区和民族地区旅游业对改善民生、优化产业结构、改善发展环境的作用。依托全省现代高效农业示范园区建设，积极支持有条件的贫困乡镇创建山地休闲农业示范园区，大力发展农旅结合的山地农业观光、美丽乡村体验、户外运动休闲和农产品加工业，依托点、线、面联动协同发展的规划布局和"小、精、特"的山地旅游发展模式，打造一批各具特色的田园风光、民族风情、休闲农庄、家庭客栈、农家餐饮等乡村旅游业态，带动农民增收脱贫。

(八) 提高山地旅游公共服务质量

1. 优化旅游环境，提升游客满意度

环境就是品牌，环境就是竞争力。旅游业是一项对环境依赖程度相当高的产业，环境质量会对旅游业产生显著的影响。突出游客满意导向，营造便捷、安全、舒适、文明的旅游环境。旅游是一项系统工程，优化旅游环境涉及行业内外和多个相关部门，旅游部门在其中要发挥好牵头和指导协调作用，各相关部门要各负其责，明确责任，主动作为，坚持问题导向，加大市场监督力度，切实解决游客反映的突出问题，形成齐抓共管的工作格局。与此同时，优化旅游环境要做到与时俱进，主动适应游客的新需求，主动发现、研究旅游市场中出现的新问题。

2. 完善基础设施建设，提高"小、精、特"模式的旅游公共服务水平

提升交通便捷度、推进交通设施建设，进行旅游厕所革命，全面满足游客的如厕要求，咨询服务全覆盖旅游景区、旅游街区、旅游城区，加快智慧旅游发展，完善旅游信息服务体系，全面提升主客旅游满意度。

将旅游交通纳入综合交通体系筹规划，满足游客出行方式多元化需求。不断完善航空、公路、铁路和水路等各种交通方式的衔接。推进县级道路或村级支路与景区间的衔接，推动城市公交系统覆盖周边景区和景点。同时按照旅游产业发展要求，将通往旅游区的标识纳入全省城乡道路交通规划，加快完善旅游交通引导标识系统。

加快旅游集散中心和旅游咨询服务中心建设，为游客提供咨询、交通、救援等服务，受理游客投诉，尤其是提高在"小、精、特"模式下分布在广泛地域内山地旅游的公共服务水平。到2018年全省各市

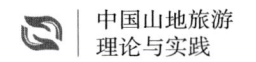

（州）至少建成 1 处旅游集散中心，全省实现旅游景区、旅游街区、旅游城区全覆盖咨询服务。加快智慧景区、智慧城市建设，建立全覆盖的旅游信息服务体系。搭建"智慧旅游网络信息服务平台"，实现旅游营销、旅游信息服务的融合。加快推进全省重点旅游城市游客聚集区、3A 级以上旅游景区、3 星级以上星级饭店免费无线网络全覆盖。

3. 加大财政金融扶持力度

设立"贵州山地旅游基础设施发展基金"和"小、精、特山地旅游发展基金"，主要用于"小、精、特"山地旅游项目的厕所、公共服务设施、旅游区道路等基础设施建设，及现有社会资源二次开发的旅游项目。鼓励各市（州）县用 PPP 模式融资建设旅游公共服务设施，建设融旅游咨询服务、智慧旅游体验、餐饮、购物、娱乐等多种功能于一体的高标准旅游综合服务中心。

整合具有旅游功能的公共资源，搭建旅游产业投融资平台，吸引社会资本参与，积极争取国家和省旅游基金合作。涉及旅游企业的土地、房产、山林、水体等资产，简化登记确权手续，快速发证。积极尝试债券融资、股权融资、众筹和 PPP 模式等新的融资形式，提高旅游企业投融资水平。鼓励农村集体和农民土地、住宅、林木等资产以入股、租赁等多种方式参与乡村旅游开发。发挥小额信贷的杠杆作用，撬动信贷资金投入旅游产业。

六 贵州发展山地旅游对中国的意义

处于中国第二阶梯贵州，其山地旅游的发展，对中国、对世界都具有非常典型的意义。贵州发展山地旅游不仅有助于经济不发达地区探索如何利用旅游业创新驱动地区发展，还进一步明确了发展山地旅游对于东、中、西部协调发展，促进国家绿色发展、地区经济开放发展和经济红利共享发展的重大促进作用。

（一）有助于创新发展

贵州发展山地旅游有助于中国创新发展。一是贵州发展山地旅游的后发赶超模式是在经济不发达地区探索用旅游业驱动创新发展的贵州之路，对中国探索经济创新发展模式意义重大。二是贵州发展山地旅游是从整个社会经济的角度来审视旅游业，即通过旅游业带动经济发展，对全面深化改革起到撬动作用。其着力解决旅游业发展过程中存在的土地制度、小微信贷、区域壁垒和产业发展壁垒等关系改革全局的问题，对我国社会经济的全面深化改革具有极大的示范引领作用。三是发展新兴山地旅游业态。在优化现有山地观光旅游产品的同时大力发展山地休闲度假产品，积极培育房车游、体育赛事游、健康养老旅游、户外运动游、自驾游等新兴产品，完善产品体系；大力发展山地旅游装备制造业、旅游商品制造业，加快推进特色山地旅游城镇建设，加快精品酒店、主题酒店、乡村民俗等住宿接待设施建设，增加山地主题公园、旅游综合体等非传统旅游供给数量。四是创新山地旅游发展模式，鼓励旅游创业创新。政府在资金、土地、税收、水电价格等方面给予"小、精、特"山地旅游创新企业优惠政策，联合国家有关部委完善在山地旅游和乡村旅游热点领域创业的相关政策，打造一批乡村旅游、山地旅游、红色旅游、研学旅行、智慧旅游的创客基地，在青少年、企业家、艺术家等群体中开展全国层面的旅游创业、创意大赛，激发大众旅游创业热潮。

（二）有助于协调发展

贵州发展山地旅游有助于中国协调发展。一是推动中国东中西部、沿海和内陆地区、三个阶梯的协调发展。贵州发展山地旅游有助于贵州旅游业"井喷式"发展，带动贵州社会经济的全面发展，从而缓和中国区域间经济发展的不平衡。二是推动区域内基础设施协调发展。贵州发展山地旅游可推动国内旅游基本公共服务均等化，因此国家在高铁、机场等重大基础设施建设和旅游扶持资金等方面，要向中西部旅游资源丰富的欠发达地区倾斜。加强对旅游待发展地区的支持力度，国家旅游局从规划、政策、资金、人才等方面给予优先支持。三是推动城乡协调。发展特色"小、精、特"山地旅游，有助于培育中小旅游城市和特色旅游小城镇和乡村，加强传统村落民居与民俗文化和历史文化名村名镇保护，建设美丽宜居乡村。四是推动部门协调。加大旅游部门与相关部门协调力度，提升旅游部门统筹协调能力和突发问题处置能力。

（三）有助于绿色发展

贵州发展山地旅游有助于中国绿色发展。一是有助于中国生态经济发展。按照国家主体功能区规划，贵州走依赖山地旅游驱动的生态经济发展路径对中国生态经济建设意义重大。二是贯彻保护优先原则。发展山地旅游，贵州贯彻落实习近平总书记提出的"绿水青山就是金山银山"的发展理念，在旅游发展中坚决防止过度开发，起到引导作用。三是积极发展生态旅游。发展山地旅游有助于推进国家生态旅游示范区评定工作，提高国家生态旅游示范区的影响力和引导力。促进生态旅游和健康、养老、运动等的结合，延伸生态旅游产业链条。发展生态旅游也有助于贵州建设首批国家生态文明试验区。四是积极发展绿色产业。山地旅游主要依靠大自然的特色景观资源，山地旅游业的发展壮大，有助于绿色产业的发展，有助于积极推动生态环保材料、新能源交通工具等在旅游行业的应用和普及。五是有助于生态教育。发展山地旅游，有助于加强对旅游从业人员的生态环保宣传，树立节约光荣、浪费可耻的观念，也对旅客的生态意识起到加强作用。

（四）有助于开放发展

贵州发展山地旅游有助于中国开放发展。一是有助于推进内陆地区对外开放。贵州发展山地旅游，通过开拓内陆型地区旅游业的对外开放提高内陆地区社会经济全面对外开放水平的开放发展之路，对中国具有典型的意义。二是有助于提高旅游产业开放水平。贵州发展山地旅游，以内陆开放型经济实验区为契机，在资本进入便利性、旅游签证便利化、区域合作等方面积极试点，为提高旅游产业开放水平积累经验。三是有助于加强国际旅游合作。贵州积极推动"一带一路"沿线国家和地区在山地旅游方面的合作，扩展国际客源，有助于加强国际旅游合作。四是有助于国家开展旅游外交。发挥好山地旅游项目在民间外交和人员往来上的先天优势，在促进国际交往、加强民间交流、减少贸易摩擦等方面积极作为，促进旅游业走向国家对外开放和外交的前沿。

（五）有助于共享发展

贵州发展山地旅游有助于共享发展。一是有助于中国居民共享华夏生态文明建设成果。贵州发展生态旅游，有助于全面推进贵州生态文明试验区的建设，让贵州成为全国人民共享生态文明发展成果的示范区。二是有助于促进村居旅游参与和全民共享。贵州发展山地旅游鼓励推进产权制度改革，通过多种方式解决旅游用地及资源流转问题，提高当地居民从旅游发展中的受益程度，提升当地居民参与旅游发展的能力，提高人民群众从旅游发展中获益的获得感。与此同时，通过"小、精、特"的山地旅游发展模式，贵州全民共享贵州旅游业带来的发展红利。三是有助于大力推进旅游扶贫。贵州发展山地旅游，实施旅游精准扶贫项目，力争实现农民人均纯收入的 20% 以上来自旅游收入，带动 100 万以上贫困人口脱贫，促进旅游产业带动贫困人口转移就业 10 万人以上。

图书在版编目（CIP）数据

中国山地旅游理论与实践：以贵州为例 / 贵州省社会科学院编；戴学锋，陈立平著 . --北京： 社会科学文献出版社，2019.12

（贵州省社会科学院智库系列 . 院省战略合作重大委托课题）

ISBN 978-7-5201-3279-4

Ⅰ.①中… Ⅱ.①贵… ②戴… ③陈… Ⅲ.①山地-旅游业发展-研究-贵州 Ⅳ.①F592.773

中国版本图书馆CIP数据核字（2018）第185812号

贵州省社会科学院智库系列·院省战略合作重大委托课题

中国山地旅游理论与实践
——以贵州为例

编　　者 /	贵州省社会科学院
著　　者 /	戴学锋　陈立平
出 版 人 /	谢寿光
组稿编辑 /	邓泳红　陈　颖
责任编辑 /	薛铭洁

出　　版 / 社会科学文献出版社·皮书出版分社（010）59367127
　　　　　　地址：北京市北三环中路甲29号院华龙大厦　邮编：100029
　　　　　　网址：www.ssap.com.cn
发　　行 / 市场营销中心（010）59367081　59367083
印　　装 / 三河市尚艺印装有限公司
规　　格 / 开　本：787mm×1092mm　1/16
　　　　　　印　张：14.25　字　数：181千字
版　　次 / 2019年12月第1版　2019年12月第1次印刷
书　　号 / ISBN 978-7-5201-3279-4
定　　价 / 98.00元

本书如有印装质量问题，请与读者服务中心（010-59367028）联系

版权所有 翻印必究